**REFLEXÕES SOBRE
A GUILHOTINA**

OBRAS DO AUTOR PUBLICADAS PELA EDITORA RECORD

O avesso e o direito
Camus, o viajante
Estado de sítio
O estrangeiro
O exílio e o reino
O homem revoltado
A inteligência e o cadafalso
A morte feliz
A peste
A queda
O mito de Sísifo
Diário de viagem
Bodas em Tipasa
Reflexões sobre a guilhotina

ALBERT CAMUS

REFLEXÕES SOBRE A GUILHOTINA

TRADUÇÃO DE
VALERIE RUMJANEK

1ª edição

EDITORA RECORD
RIO DE JANEIRO • SÃO PAULO

2022

EDITORA-EXECUTIVA Renata Pettengill	**REVISÃO** Juliana Pitanga
SUBGERENTE EDITORIAL Mariana Ferreira	**CAPA** Leonardo Iaccarino
ASSISTENTE EDITORIAL Pedro de Lima	**IMAGEM DE CAPA** ilbusca / Getty Images
AUXILIAR EDITORIAL Júlia Moreira	**DIAGRAMAÇÃO** Myla Guimarães
REVISÃO DE TRADUÇÃO Rejane Xavier	**TÍTULO ORIGINAL** Réflexions sur la guillotine

CIP-BRASIL. CATALOGAÇÃO NA PUBLICAÇÃO
SINDICATO NACIONAL DOS EDITORES DE LIVROS, RJ

C218r

Camus, Albert, 1913-1960
Reflexões sobre a guilhotina / Albert Camus; tradução de Valerie Rumjanek. – 1a ed. – Rio de Janeiro: Record, 2022.

Tradução de: Réflexions sur la guillotine

ISBN 978-65-55-87406-8

1. Pena de morte - Filosofia. 2. Guilhotina. I. Rumjanek, Valerie. II. Título.

21-74095

CDD: 179.7
CDU: 17:343.25

Meri Gleice Rodrigues de Souza – Bibliotecária – CRB-7/6439

Copyright © Editions Gallimard, Paris, 2002

Texto revisado segundo o novo Acordo Ortográfico da Língua Portuguesa.

Todos os direitos reservados. Proibida a reprodução, no todo ou em parte, através de quaisquer meios. Os direitos morais do autor foram assegurados.

Direitos exclusivos de publicação em língua portuguesa somente para o Brasil adquiridos pela
EDITORA RECORD LTDA.
Rua Argentina, 171 – Rio de Janeiro, RJ – 20921-380 – Tel.: (21) 2585-2000, que se reserva a propriedade literária desta tradução.

Impresso no Brasil

ISBN 978-65-55-87406-8

Seja um leitor preferencial Record.
Cadastre-se no site www.record.com.br e receba informações sobre nossos lançamentos e nossas promoções.

Atendimento e venda direta ao leitor:
sac@record.com.br

ABDR
EDITORA AFILIADA

A PENA DE MORTE E O COLAPSO DA IMAGINAÇÃO

Manuel da Costa Pinto

O ensaio "Reflexões sobre a guilhotina" foi publicado originalmente em 1957, no livro *Réflexions sur la peine capitale* [Reflexões sobre a pena capital]. O volume reunia, além do texto de Albert Camus, "Réflexions sur la potence" [Reflexões sobre a forca], do escritor húngaro (naturalizado inglês) Arthur Koestler, e "La Peine de mort en France" [A pena de morte na França], do jurista Jean Bloch-Michel. Os três autores estavam ligados pelo interesse comum na campanha pela abolição da pena de morte, então vigente na França e na Inglaterra, e por pertencerem a uma esquerda antitotalitária — ou seja, contrária à via soviética na qual boa parte da intelectualidade francesa embarcara no contexto da Guerra Fria.

Além disso, os ensaios da publicação tinham, como impulso original, uma aversão ao ritual de execução da

6 | Prefácio

pena capital que se associava a experiências políticas dos três autores. Camus havia participado ativamente da resistência à ocupação nazista da França, como editor do jornal do grupo clandestino *Combat* — onde conhecera Bloch-Michel, que tinha sido torturado pela Gestapo. E Koestler fora preso e sentenciado à morte pelos falangistas (fascistas liderados pelo general Franco) quando cobria, como jornalista e militante comunista, a Guerra Civil Espanhola; libertado por intervenção do governo britânico, tornou-se igualmente refratário aos extremismos de direita e esquerda, escrevendo um romance — *O zero e o infinito* — no qual denuncia os expurgos stalinistas.

No caso de Camus, a dimensão política de *Reflexões sobre a guilhotina* se torna mais clara se levarmos em conta que, ao conceber *O homem revoltado* — livro de 1951 em que critica a legitimação da violência pela divinização da história como um fim em si mesmo —, ele planejava incluir uma seção sobre a pena de morte. Esse capítulo acabou não entrando na redação final de *O homem revoltado*. Em compensação, as páginas finais de *Reflexões sobre a guilhotina* desdobram a relação entre indivíduo-sociedade (cerne desse ensaio de 1957) na relação indivíduo-Estado, restituindo assim o vínculo entre as duas obras:

> Há trinta anos, os crimes de Estado se sobrepõem em muito aos crimes dos indivíduos. [...]

Proibir a condenação à morte de um homem seria proclamar publicamente que a sociedade e o Estado não são valores absolutos, decretar que nada os autoriza a legislar definitivamente, nem a produzir o irreparável.

Hoje, quando os países mais avançados aboliram a pena capital e afastaram as tentações totalitárias, *Reflexões sobre a guilhotina* tem, além de sua importância histórica, valor cautelar: lembra-nos de que, como diz Camus, "leis sanguinárias [...] ensanguentam os costumes" e preparam o momento em que mesmo os costumes mais degenerados são suplantados por instituições que regulamentam a degeneração.

Mas as convicções camusianas contrárias à pena de morte remontam a um acontecimento mais profundo, visceral, do que suas conclusões políticas — um fato apresentado logo no parágrafo de abertura de *Reflexões sobre a guilhotina*. Trata-se de uma das únicas lembranças que ele guarda de seu pai, um episódio no qual Lucien Camus vai assistir a uma execução pública em Argel e volta para casa transtornado. Não seria exagero dizer que todos os raciocínios que veremos ao longo do ensaio aqui publicado derivam dessa cena traumática, do impacto emocional dessa experiência, que reverbera ao longo de toda a vida de Camus. Com um detalhe fundamental: Lu-

8 | Prefácio

cien morreu em outubro de 1914, lutando pela França na batalha do Marne, durante a Primeira Guerra Mundial, quando o pequeno Albert ainda não havia completado 1 ano de vida. Ou seja, a reação de repugnância do pai diante do mórbido espetáculo só foi transmitida anos depois ao filho, por parentes próximos, e não ouvida diretamente por ele.

E, no entanto, essa recordação difusa, mediada pelo discurso familiar, ocupa no imaginário camusiano, por força de sua recorrência, um lugar simbólico semelhante ao "sentimento do absurdo" que está na gênese do ensaio *O mito de Sísifo* (1941) e de sua amplificação em *O homem revoltado*, tratado metafísico-histórico no qual a revolta é apresentada como dimensão coletiva do absurdo. Nesses livros, todavia, o par absurdo/revolta era formulado dentro da tradição francesa do *essai*, na qual a reflexão é desencadeada a partir de percepções pessoais e irredutíveis, porém vazadas com aquele senso de cética razoabilidade e de anatomia dos próprios abismos que Camus herdou de Montaigne e Pascal. Ao passo que a cena paterna evocada em *Reflexões sobre a guilhotina* é uma lembrança tão obsessiva quanto imprecisa — ou obsessiva *porque* imprecisa, não elaborada plenamente, irrompendo em diferentes momentos da obra camusiana e com diferentes sentidos (incluindo um sentido "psicanalítico").

Essa cena havia aparecido, com variações, em ao menos duas obras bem anteriores. Na segunda parte de *O estrangeiro* (1942), depois de ser preso pelo assassinato de um árabe, Meursault pensa de modo irônico sobre "histórias de execuções" e se lembra, em sua cela, da história que sua mãe lhe contava a respeito do pai, que adoecera após ver uma execução. E, no romance *A peste* (1947), o personagem Tarrou diz para o protagonista Rieux (com quem combate a epidemia que assola Orã) que passou a ter consciência de que sempre fora um "empestado" ao testemunhar a aplicação da pena capital a um réu condenado por seu próprio pai, procurador-geral, e depois de assistir a um fuzilamento na Hungria, compreendendo então que "estávamos todos na peste", antes mesmo da epidemia — pois em tempos de "normalidade" consentia-se e justificava-se a morte.

Mas a cena descrita no início de *Reflexões sobre a guilhotina* ganhará sua forma mais definitiva em O *primeiro homem*, romance que Camus escrevia quando morreu e que seria publicado apenas em 1994. O livro tem evidente teor autobiográfico e, numa passagem do capítulo "A família" — que está na primeira parte, "A procura do pai" —, Camus narra como a avó do protagonista Jacques Cormery (*alter ego* do escritor) lhe contou o episódio de uma execução testemunhada por seu pai. A citação é longa, pois, além de descrever com maior minúcia o

10 | Prefácio

episódio de abertura de *Reflexões sobre a guilhotina*, enfatiza seus efeitos duradouros sobre o protagonista no qual se projeta o próprio autor:

> O pai de Jacques tinha se levantado durante a noite e fora embora, para assistir à punição exemplar de um crime que, segundo a avó, o deixara indignado. Mas nunca se soube o que havia acontecido. Aparentemente a execução ocorrera sem incidente. Mas o pai de Jacques retornou lívido, foi se deitar, levantou-se várias vezes para vomitar e voltou a dormir. Nunca mais quis falar do que havia visto. E, na noite em que ouviu esse relato, o próprio Jacques, deitado na beira da cama para não encostar no irmão com quem dormia, encolhido, engolia uma náusea de horror, remastigando os detalhes que lhe haviam contado e os que imaginava. E a vida inteira essas imagens o haviam perseguido, até naquelas noites em que, de tempos em tempos, mas regularmente, se repetia um pesadelo frequente, variando nas formas, mas de tema único: vinha buscá-lo, a ele, Jacques, para executá-lo. E durante muito tempo, ao despertar, ele sacudia o medo e a angústia e reencontrava com alívio a boa realidade em que não havia rigorosamente a menor chance de ser executado. Até que, chegando à idade adulta, a história a seu redor evoluiu de tal maneira

que uma execução podia ser incluída, pelo contrário, entre os acontecimentos suscetíveis de serem contemplados com verossimilhança, e a realidade não aliviava mais os sonhos, mas ao contrário se nutria durante anos muito [precisos][1] da mesma angústia que havia abalado seu pai e que lhe fora legada como única herança evidente e certa.

Há vários elementos significativos nessa passagem. O episódio em si corresponde aos mesmos termos que encontramos em *Reflexões sobre a guilhotina* — com a diferença de que neste (assim como em *O estrangeiro*) é a mãe quem transmite a história paterna, ao passo que em *O primeiro homem* é a avó, o que por si só indica o lugar nebuloso ocupado em Camus por esse relato que se metamorfoseia de forma onírica em suas obras. Mas, sobretudo, o trecho citado assinala a forma como, anos depois de ouvir o relato, o filho assimila a mesma náusea do pai e passa a ser perseguido por uma imagem de execução que não testemunhou — mas que imaginou em vigília ou em sonho. E o narrador acrescenta que se, durante a infância, Cormery acordava aliviado desse pesadelo aterrorizante, ao tornar-se adulto ele percebeu que não havia mais motivo para tranquilidade, pois "a

---

1 A palavra entre colchetes indica dúvida dos editores na decifração do manuscrito de *O primeiro homem*.

12 | Prefácio

história à sua volta foi-se tornando algo em que [...] uma execução passava a ser um dos acontecimentos que podia ser encarado como verossímil".

A leitura de *O primeiro homem* explicita e elucida, assim, o núcleo argumentativo de *Reflexões sobre a guilhotina*: a experiência traumática de assistir ao espetáculo de uma execução se converte, pela imaginação, num exercício de memória contra o esquecimento que gera o movimento (pessoal e coletivo) de recusa da pena de morte; quando, porém, a capacidade de imaginar declina e o esquecimento triunfa (por covardia, indiferença oportunista ou graças a um trabalho deliberado de apagamento da memória e negação da história), o morticínio ritual entra na ordem natural das coisas. E é num momento histórico como esse, em que o inimaginável (no duplo sentido: aquilo que não se pode nem sequer imaginar e aquilo que não se deseja imaginar) se tornou uma possibilidade "verossímil", que Camus escreve seu libelo contra a pena de morte.

Em *Reflexões sobre a guilhotina*, Camus alterna argumentos lógico-filosóficos e dados objetivos contra a pena capital — alguns já bastante difundidos antes dele: a execução replica o delito que se pretende punir, impõe uma sentença irreversível para um ato sujeito a erro jurídico e repousa sobre um princípio de exemplaridade cujo poder de dissuasão é desmentido pelas estatísticas relativas a seus efeitos punitivos. Com isso, diz Camus, a cerimônia solene do suplício perde a nobreza alegada por legisladores circunspectos, compungidos pelo doloroso dever moral de mandar matar para evitar que se mate, convertendo-se, pura e simplesmente, naquilo que é: vingança, ou "lei de talião".

Ao evocar a regra bíblica do "olho por olho", Camus faz uma importante distinção: "A lei de talião é da mesma ordem da natureza e do instinto, não é da ordem da lei. A lei, por definição, não pode obedecer às mesmas regras que a natureza. Se o assassinato está na natureza do ser humano, a lei não é feita para imitar ou reproduzir esta natureza. Ela é feita para corrigi-la." A lei, portanto, tem uma função civilizatória inconciliável com a pena de morte, que só pode ter alguma legitimidade em sociedades organizadas em torno da religião. Nestas, o crente pode aquiescer com a pena de morte como um castigo provisório, que posterga a sentença definitiva para o além-túmulo. "Mas — pergunta Camus — o que significa esta justificativa na sociedade em que vivemos e que, tanto nas instituições quanto nos costumes, é dessacralizada?"

Obviamente, o ateu Camus elabora tais raciocínios num momento em que teocracias ou populismos escorados em mistificações pareciam varridos do mapa. Mas, quando evoca os primeiros cristãos, que rejeitavam

14 | Prefácio

o assassinato como sacrilégio, não deixa de fazer uma distinção entre a mensagem de Jesus e uma fé institucionalizada, que se alimenta do Antigo Testamento e de são Paulo. Aqui, ouvimos novamente os ecos de *O homem revoltado*, em que as utopias políticas surgem como messianismos secularizados. Pois, em *Reflexões sobre a guilhotina*, o alvo é menos a Igreja em si (uma instituição declinante no momento em que Camus escreve) do que a sacralização do Estado legislador, que coloca o juiz — e, poderíamos acrescentar, os líderes políticos — no "trono de Deus": "Mata-se por uma razão ou por uma classe divinizada. Mata-se em nome de uma sociedade futura também ela divinizada. Quem acredita saber tudo, imagina tudo poder. Ídolos temporais, que exigem uma fé absoluta, sentenciam incansavelmente castigos absolutos. E religiões sem transcendência matam em massa condenados sem esperança."

Reflexões sobre a guilhotina traz outro paralelo com *O homem revoltado* e, por tabela, com *O mito de Sísifo*. Em *O homem revoltado*, Camus contrapõe a utopia revolucionária (que "consiste em amar um homem que ainda não existe") à revolta, que significa uma cumplicidade entre homens concretos, imperfeitos, fazendo da luta contra os absurdos da história um combate sem ilusões redentoras. A revolta, por um lado, se nutre da indignação contra as manifestações concretas de nossa condição absurda; por outro, sabe que essa condição absurda é, justamente, uma condição, e que os horrores históricos são materializações do insolúvel absurdo individual--metafísico descrito em *O mito de Sísifo*. Daí Camus concluir que "o pensamento revoltado não pode [...] privar-se da memória", pois a rememoração constante de nosso exílio primordial impede que a insubordinação social e política derive para a tentação de abolir violentamente o absurdo e, com isso, de reproduzi-lo eternamente no plano secular, histórico.

Em *Reflexões sobre a guilhotina*, a mesma espiral de raciocínio aparece na formulação segundo a qual a pena de morte apenas reproduz o crime que pretende justiçar. Mas o ensaio de 1957 também aposta na ideia de que é na rememoração desses rituais macabros da forca, da guilhotina e dos fuzilamentos que está o contraveneno para seus efeitos morais peçonhentos. E, aqui, vemos em ação o *escritor* Albert Camus confiando esse trabalho de memória ao labor de uma prosa incandescente, que mergulha em suas próprias reminiscências. Ao longo do ensaio, ele procura remediar o colapso da imaginação que está na origem da aceitação social da pena de morte e, para isso, instala no coração do leitor o mesmo horror vivido por seu pai e por ele mesmo. Em diferentes passagens, Camus mobiliza um arsenal de imagens vívidas para descrever a mórbida mecânica do cadafalso, que começa na angústia deflagrada a partir da condenação e, após uma espera agoniante pelo dia da execução, culmina na queda do cutelo sobre o pescoço de um condenado cujo rosto conservará um esgar de dor e humilhação.

Nessas descrições, não faltam ironias em relação a teorias otimistas de que o condenado à guilhotina nada sofreria. Ou de que, como dizia o Dr. Guillotin (infame criador desse aparelho de assassinato cirúrgico), o supliciado experimentaria apenas um "leve frescor na nuca"... Contra essas retóricas edificantes, Camus lança imagens que resvalam intencionalmente na obscenidade gráfica, despertando seus leitores do torpor da imaginação e, como decorrência, da indiferença ética.

Essa crueza, aliás, já aparecera em seu primeiro livro, *O avesso e o direito* (1937), reiterando o caráter concêntrico e as obsessões da obra camusiana. No texto "Entre o sim e o não", que integra esse conjunto de breves "ensaio literários", de flagrantes da vida nua de seres que habitam um cotidiano elementar (mas de valores límpidos), Camus insere — após um diálogo entre mãe e filho sobre o pai morto que está na gênese das variações aqui mencionadas — um comentário que resume a lição moral (que é também uma lição de estilo) extraída da cena que o obsedou por toda a existência: "Sim, tudo é simples. São os homens que complicam as coisas. Que não nos venham contar histórias. Que não nos venham dizer, sobre o condenado à morte: 'Vai pagar sua dívida com a sociedade', e sim: 'Vão cortar-lhe o pescoço.'"

Em *Reflexões sobre a guilhotina*, portanto, estão não apenas *O estrangeiro*, *A peste* ou *O primeiro homem* mas também o primeiro Camus, reiterando a fidelidade do escritor ao mundo e aos valores que construiu.

Pouco antes da guerra de 1914, um assassino cujo crime era particularmente revoltante (ele havia assassinado uma família de fazendeiros e seus filhos) foi condenado à morte em Argel. Tratava-se de um trabalhador agrícola que matara numa espécie de delírio sangrento, mas com o agravante de ter roubado as vítimas. O caso teve grande repercussão. De modo geral, achavam que decapitação era uma pena suave demais para um monstro como esse. Esta era, segundo me contaram, a opinião de meu pai, indignado, sobretudo, com a morte das crianças. Uma das poucas coisas que sei a respeito dele, de toda forma, é que quis assistir a uma execução pela primeira vez na vida. Levantou-se à noite para ir ao local do suplício, no outro extremo da cidade, em meio à multidão que acorreu. Ele não disse a ninguém o que viu naquela manhã. Minha mãe conta apenas que ele voltou correndo, o rosto transtornado, recusou-se a falar, deitou-se um pouco na cama e começou a vomitar de súbito. Tinha acabado

20 | Albert Camus

de descobrir a verdade que se escondia sob as grandes fórmulas em que a mascaramos. Em vez de pensar nas crianças assassinadas, ele só conseguia pensar naquele corpo ofegante que tinham acabado de jogar numa tábua para lhe cortar o pescoço.[2]

É preciso acreditar que este ritual é suficientemente terrível para conseguir vencer a indignação de um homem simples e reto e para quem um castigo que achava mil vezes merecido não tenha tido, afinal, outro efeito senão lhe revolver o coração. Quando a suprema justiça faz apenas vomitar o bom homem que ela deveria proteger, parece difícil sustentar que ela se destina, como deveria ser sua função, a trazer mais paz e ordem à cidade. Pelo contrário, salta aos olhos que ela não é menos revoltante que o crime, e que esta nova morte, longe de reparar o crime cometido em relação ao corpo social, acrescenta uma nova mácula à primeira. Tanto é verdade que ninguém ousa falar diretamente sobre esta cerimônia. Os funcionários e os jornalistas que têm a tarefa de fazê-lo, como se tivessem consciência de sua manifestação ao mesmo tempo de provocação e vergonha, criaram, a esse respeito, uma espécie de linguagem

---

2 Este episódio é igualmente relatado pelo autor em seu romance inacabado *O primeiro homem*, publicado postumamente pela Éditions Gallimard em 1994. (*N. da E.*) [Todas as notas do livro sinalizadas com *N. da E.* são da edição francesa.]

ritual, reduzida a fórmulas estereotipadas. Lemos desta maneira, na hora do café da manhã, num canto do jornal, que o condenado "pagou sua dívida com a sociedade", ou que "expiou", ou que "às cinco horas se fez justiça". Os funcionários tratam o condenado como "paciente", ou o chamam por uma sigla: o CAM. Sobre a pena capital só se escreve, atrevo-me a dizê-lo, em voz baixa. Em nossa sociedade, por demais policiada, só reconhecemos que uma doença é grave quando não ousamos falar dela diretamente. Durante muito tempo, nas famílias burguesas, as pessoas se limitavam a dizer que a filha mais velha era fraca do peito ou que o pai sofria de um "inchaço", porque tuberculose e câncer eram consideradas doenças um pouco vergonhosas. Isto é muito mais verdadeiro no caso da pena de morte, já que todos se esmeram em só falar dela por eufemismos. Ela está para o corpo político como o câncer está para o corpo individual, com a diferença de que ninguém jamais falou da necessidade do câncer. Pelo contrário, não se hesita em apresentar, geralmente, a pena de morte como uma lamentável necessidade, legitimando, portanto, que se mate, já que isto é necessário, e não se toca no assunto, já que é lamentável.

Minha intenção, muito pelo contrário, é falar dela cruamente. Não pelo gosto por escândalo, nem, acho, por uma inclinação malsã de caráter. Na qualidade de escritor, sempre tive horror a certas condescendências;

22 | Albert Camus

na qualidade de homem, acredito que os aspectos repugnantes de nossa condição, se são inevitáveis, devem ser apenas encarados em silêncio. Mas, quando o silêncio ou as armadilhas da linguagem contribuem para manter um abuso que deve ser reformado ou uma infelicidade que pode ser aliviada, não há outra solução senão falar claramente e mostrar a obscenidade que se esconde sob o manto das palavras. A França compartilha com a Espanha e a Inglaterra a bela honra de ser um dos últimos países deste lado da Cortina de Ferro[3] a manter a pena de morte em seu arsenal de repressão. A sobrevida deste rito primitivo só foi possível em nosso caso pela apatia ou pela ignorância da opinião pública, que reage apenas com as frases cerimoniosas que lhe foram incutidas. Quando a imaginação dorme, as palavras se esvaziam de seu sentido: um povo surdo registra distraidamente a condenação de um homem. Mas basta mostrar a máquina, basta tocar na madeira e no ferro, ouvir o ruído da cabeça que cai para que a imaginação pública, subitamente desperta, repudie ao mesmo tempo o vocabulário e o suplício.

Quando os nazistas faziam na Polônia execuções públicas de reféns, para que estes reféns não gritassem

---

3 Na época da Guerra Fria, a expressão "Cortina de Ferro" designa a fronteira entre os Estados da Europa Oriental, satélites e aliados da União Soviética, e os países democráticos que formam o bloco ocidental no continente europeu. (*N. da E.*)

palavras de revolta e liberdade, eles os amordaçavam com uma bandagem coberta de gesso. Não é sem constrangimento que se compara o destino destas inocentes vítimas ao dos criminosos condenados. No entanto, além de os criminosos não serem os únicos guilhotinados em nosso país, o método é o mesmo. Sufocamos com palavras aveludadas um suplício cuja legitimidade não se saberia afirmar antes de tê-lo examinado em sua realidade. Longe de dizer que a pena de morte é de início necessária e que não convém em seguida falar sobre ela; pelo contrário, é preciso falar sobre o que ela realmente é e dizer, então, se, tal qual é, deve ser considerada necessária.

Creio, de minha parte, que ela não apenas é inútil mas profundamente prejudicial, e devo registrar aqui esta convicção, antes de abordar o assunto em si. Não seria honesto deixar crer que cheguei a esta conclusão depois de semanas de perguntas e pesquisas que acabei de fazer sobre esta questão. Mas seria igualmente desonesto atribuir minha convicção unicamente à pieguice. Pelo contrário, estou tão distante quanto possível deste suave enternecimento em que se comprazem os humanitários e no qual valores e responsabilidades se confundem, os crimes se equiparam, a inocência perde, finalmente, seus direitos. Não acredito, ao contrário de muitos contemporâneos ilustres, que o ser humano seja por natureza um animal social. A bem dizer, penso o

24 | Albert Camus

contrário. Mas creio, o que é muito diferente, que ele não pode, de agora em diante, viver fora da sociedade cujas leis são necessárias a sua sobrevivência física. É preciso, portanto, que as responsabilidades sejam estabelecidas segundo uma escala razoável e eficaz pela própria sociedade. Mas a lei encontra sua última justificativa no bem que ela faz ou não à sociedade de determinado lugar e tempo. Durante anos, só consegui enxergar na pena de morte um suplício insuportável para a imaginação e uma preguiçosa desordem que minha razão condenava. Estava disposto, no entanto, a pensar que a imaginação influenciava meu juízo de valor. Mas, na verdade, não encontrei nada durante estas semanas que não tenha reforçado minha convicção ou que tenha modificado meu raciocínio. Pelo contrário, aos argumentos que eu já tinha outros foram acrescentados. Atualmente, compartilho integralmente a convicção de Koestler:[4] a pena de morte é uma mácula em nossa sociedade, e seus partidários não podem justificá-la por este motivo. Isto sem retomar sua defesa decisiva, sem acumular fatos e números que constituiriam uma duplicação e que a precisão de

---

4 Arthur Koestler (1905-1983): romancista, jornalista e ensaísta. Após ter aderido ao comunismo, desliga-se dele e explica sua desilusão em *O zero e o infinito* (1940). A partir de então, torna-se adversário da União Soviética. Colabora com Albert Camus e Jean Bloch-Michel em *Réflexions sur la peine capitale* [Reflexões sobre a pena capital] com um ensaio intitulado "Réflexions sur la potence" [Reflexões sobre a forca]. (*N. da E.*)

Jean Bloch-Michel[5] torna inúteis, desenvolverei apenas os raciocínios que são prolongamentos dos de Koestler e que, simultaneamente a eles, militam a favor de uma abolição imediata da pena de morte.

Sabe-se que o grande argumento dos partidários da pena de morte é a exemplaridade do castigo. Não se cortam cabeças apenas para punir seus portadores, mas, sim, para intimidar, por meio de um exemplo aterrorizante, aqueles que ficassem tentados a imitá-los. A sociedade não se vinga, ela quer apenas prevenir. Ela brande a cabeça para que os candidatos ao assassinato vejam nisso seu futuro e recuem.

Este argumento seria impressionante se não fôssemos obrigados a constatar:

1. Que a própria sociedade não acredita na exemplaridade de que fala;

2. Que não está provado que a pena de morte tenha feito recuar um único assassino, decidido a sê-lo, enquanto é evidente que não teve nenhum efeito a não ser o do fascínio em milhares de criminosos;

---

5 Antigo jornalista do *Combat*, jornal da Resistência dirigido por Albert Camus a partir de 1943. Escreve, ao lado Camus e de Arthur Koestler, no *Réflexions sur la peine capitale* um ensaio intitulado "La Peine de mort en France" [A pena de morte na França]. (*N. da E.*)

26 | Albert Camus

3. Que ela constitui, em outros aspectos, um exemplo repulsivo cujas consequências são imprevisíveis.

Em princípio, a sociedade não acredita no que diz. Se acreditasse realmente, mostraria as cabeças. Contribuiria para as execuções com o lançamento publicitário que se reserva comumente aos empréstimos nacionais ou às novas marcas de aperitivos. Sabe-se, muito pelo contrário, que as execuções em nosso país não ocorrem mais em público e são perpetradas no pátio das prisões, diante de um número restrito de especialistas. Sabe-se menos porque, e desde quando. Trata-se de uma medida relativamente recente. A última execução pública foi, em 1939, a de Weidmann,[6] autor de vários assassinatos e cujas façanhas viraram moda. Naquela manhã, uma grande multidão se comprimia em Versalhes, e, no meio, um grande número de fotógrafos. Entre o momento em que Weidmann foi exposto à multidão e aquele em que foi decapitado, foi possível tirar fotos. Algumas horas depois, o *Paris-Soir* publicava uma página de ilustrações sobre este apetitoso acontecimento. O bom povo parisiense pôde, desta forma, dar-se conta de que a leve máquina

---

6 Eugène Weidmann (1908-1939). Criminoso nascido na Alemanha, Weidmann cria uma quadrilha de raptores em Paris, em 1937, e assassina friamente suas vítimas. Foi decapitado em público em Versalhes, em 17 de junho de 1939. Além dos excessos dos jornalistas, certos espectadores teriam molhado seus lenços no sangue do condenado. O romancista Michel Tournier faz alusão a esta cena em *O rei dos álamos* (1970). (*N. da E.*)

de precisão da qual se servia o carrasco era tão diferente do cadafalso histórico quanto um Jaguar de nossos velhos Dion-Bouton.[7] A administração e o governo, contrariamente a qualquer previsão, receberam muito mal esta excelente publicidade e gritaram que a imprensa quis lisonjear os instintos sádicos de seus leitores. Ficou decidido, então, que as execuções não se fariam mais em público, dispositivo que, pouco depois, tornou mais fácil o trabalho das autoridades da ocupação.

A lógica, neste caso, não estava com o legislador. Era preciso, ao contrário, outorgar uma condecoração suplementar ao diretor do *Paris-Soir*, encorajando-o a trabalhar melhor da próxima vez. Se o que se deseja, efetivamente, é que a pena seja exemplar, na verdade se deve não apenas multiplicar as fotografias mas instalar a câmera sobre um patíbulo na place de la Concorde, às duas horas da tarde, convidar todo o povo e televisionar a cerimônia para os ausentes. Ou se faz isto ou então se deve deixar de falar em exemplaridade. Como pode ser exemplar o assassinato furtivo que se comete à noite num pátio de prisão? No máximo, serve para informar periodicamente aos cidadãos

---

7 Uma das primeiras grandes marcas da história automobilística francesa. (*N. da E.*)

que morrerão se por acaso chegarem a matar; futuro que se pode prometer, também, aos que não matam. Para que a pena seja efetivamente exemplar, é preciso que seja aterrorizante. Tuaut de La Bouverie, representante do povo em 1791 e partidário das execuções públicas, era mais lógico quando declarava à Assembleia Nacional: "É preciso um espetáculo horrendo para conter o povo."

Atualmente, espetáculo algum, uma pena conhecida de todos por ouvir dizer, e, vez por outra, a notícia de uma execução, maquiada sob formas atenuantes. Como pode um futuro criminoso ter em mente, no momento do crime, uma sanção que engenhosamente se torna cada vez mais abstrata! E, caso se deseje realmente que ele guarde na memória esta sanção, a fim de que, inicialmente, ela equilibre, e, depois, reverta uma decisão arrebatada, não se deveria tentar gravar profundamente na memória esta sanção e sua terrível realidade, em todas as sensibilidades, por todos os meios da imagem e da linguagem?

Em vez de evocar vagamente uma dívida que alguém, naquela mesma manhã, pagou à sociedade, não seria um exemplo mais eficaz aproveitar essa bela ocasião para lembrar a cada contribuinte o detalhe daquilo que o aguarda? Em vez de dizer: "Se você matar, vai expiar a culpa no cadafalso"; não seria melhor lhe dizer, para fins de exemplo: "Se você matar, vai ser jogado na prisão durante meses ou até mesmo anos, dividido entre um desespero inconcebível e um terror renovado, até que, em certa manhã, nós deslizaremos para sua cela, tendo antes tirado os sapatos para melhor surpreendê-lo no sono que o esmagará após a angústia da noite. Nós nos lançaremos sobre você, algemaremos suas mãos às costas, cortaremos com a tesoura a gola de sua camisa e seu cabelo, se for o caso. Preocupados com a perfeição, amarraremos seus braços com uma correia, para que seja obrigado a se manter encurvado e a oferecer, desta forma, uma nuca bem destacada. Em seguida, nós o arrastaremos, um ajudante em cada braço, os pés arrastando-se atrás pelos corredores. Depois, sob um céu noturno, um dos carrascos o arrastará pelos fundilhos e o jogará horizontalmente sobre uma tábua, enquanto o outro firmará sua cabeça num encaixe e um terceiro fará cair, de uma altura de dois metros e vinte, um cutelo de sessenta quilos que lhe cortará o pescoço como uma lâmina de barbear."

Para que o exemplo fique ainda melhor, para que o terror que acarreta se torne em cada um de nós não só uma força bastante cega e bastante poderosa para compensar na hora certa o irresistível desejo do assassinato, seria necessário, ainda, avançar mais. Em vez de nos vangloriarmos, com a pretensiosa ignorância que nos é própria, por ter inventado este meio rápido e humano[8]

---

8 O condenado, segundo o otimista Dr. Guillotin, não deveria sentir nada. No máximo, um "leve frescor na nuca".

de matar os condenados, seria necessário publicar milhares de exemplares e tornar obrigatória a leitura nas escolas e nas faculdades dos testemunhos e dos relatórios médicos que descrevem o estado do corpo após a execução. Deve-se recomendar especialmente a impressão e a divulgação de um recente comunicado à Academia de Medicina feito pelos doutores Piedelièvre e Fournier. Estes médicos corajosos, convocados, no interesse da ciência, para examinar os corpos dos condenados à morte após a execução, acharam que era seu dever resumir suas terríveis observações:

> Se podemos nos permitir dar nosso parecer em relação ao tema, tais espetáculos são terrivelmente penosos. O sangue sai dos vasos ao ritmo das carótidas seccionadas, depois coagula. Os músculos se contraem e sua fibrilação é entorpecente; o intestino se revira e o coração tem movimentos irregulares, incompletos, fascinantes. A boca se crispa em determinados momentos num esgar terrível. É bem verdade que, nesta cabeça decapitada, os olhos ficam imóveis, as pupilas dilatadas; felizmente, eles não enxergam, e, se não têm nenhuma perturbação, nenhuma opalescência cadavérica, não têm mais movimentos; sua transparência é viva, mas sua fixidez é mortal. Tudo isso pode durar minutos, até mesmo horas, nos indivíduos sem

defeitos: a morte não é imediata... Desta forma, cada elemento vital sobrevive à decapitação. Só resta ao médico a impressão de uma horrível experiência, de uma criminosa vivissecção seguida de um enterro prematuro.[9]

Duvido que se encontrem muitos leitores para ler sem empalidecer este espantoso relatório. Pode-se contar, portanto, com seu poder exemplar e sua capacidade de intimidação. Nada impede que se acrescentem relatórios de testemunhas que autentiquem, ainda, as observações dos médicos. A face torturada de Charlotte Corday[10] enrubescera, dizem, sob a lâmina do carrasco. Não causa espanto ouvi-lo dos observadores mais recentes. Um auxiliar de carrasco, portanto pouco suspeito de cultivar o romance e a sensibilidade, descreve assim o que foi obrigado a ver: "Era um furioso, tomado por uma verdadeira crise de *delirium tremens*[11] que lançamos sob o cutelo. A cabeça morre logo. Mas o corpo salta literalmente para a cesta, estirando suas cordas. Vinte minutos depois, no

---

9 Em 1905, na região de Loiret.
10 Charlotte Corday (1768-1793). Filha de um cavaleiro normando e descendente de Pierre Corneille, Charlotte Corday adere às teses dos girondinos. Vinga-se da perseguição destes ao apunhalar o convencional Marat em sua banheira. (*N. da E.*)
11 Delírio acompanhado de sobressaltos e de agitação generalizada do corpo. Ocorre geralmente entre os indivíduos que sofrem de alcoolismo grave. (*N. da E.*)

cemitério, ainda há estremecimentos."[12] O atual capelão da prisão da Santé,[13] o reverendo Devoyod, que não parece contrário à pena de morte, faz em seu livro *Les Délinquants* [Os delinquentes][14] um relato que vai longe e que renova a história do condenado Languille, cuja cabeça decapitada respondia ao ser chamada pelo nome.[15]

> Na manhã da execução, o condenado estava muito mal-humorado e recusou a ajuda da religião. Conhecendo o fundo de seu coração e o afeto que tinha pela mulher, cujos sentimentos eram muito cristãos, nós lhe dissemos: "Vamos, por amor a sua mulher, recolha-se um momento antes de morrer"; e ele se recolheu longamente diante do crucifixo, depois parecia não prestar mais atenção a nossa presença. Quando foi executado, estávamos a pouca distância dele: sua cabeça caiu na bacia colocada diante da guilhotina, e o corpo foi logo colocado na cesta; mas, contrariamente ao que era habitual, a cesta foi fechada antes que a cabeça fosse colocada dentro dela. O auxiliar que segurava a cabeça precisou esperar um instante para que a cesta

---

12 Publicado por Roger Grénier, *Les Monstres* [Os monstros], Gallimard. Estas declarações são autênticas.
13 Célebre prisão parisiense, construída em 1867 no 18° *arrondissement*. (*N. da E.*)
14 Éditions Matot-Braine, Reims.
15 Em 1905, na região de Loiret.

> fosse reaberta; ora, durante este curto espaço de tempo, tivemos a possibilidade de ver os dois olhos do condenado fixados em mim, em um olhar de súplica, como que para pedir perdão. Instintivamente, fizemos o sinal da cruz para benzer a cabeça, e, em seguida, as pálpebras piscaram, a expressão dos olhos se tornou suave, e depois o olhar, ainda expressivo, perdeu-se...

O leitor acolherá, de acordo com sua fé, a explicação proposta pelo padre. Ao menos estes olhos "ainda expressivos" não tiveram necessidade de nenhuma interpretação.

Eu poderia acrescentar outros testemunhos tão alucinantes quanto este. Mas, quanto a mim, não saberia prosseguir. Afinal, não considero que a pena de morte seja exemplar, e este suplício surge diante de meus olhos pelo que é, uma cirurgia grosseira, praticada em condições que lhe subtraem qualquer caráter edificante. A sociedade, pelo contrário, e o Estado, que já viu outros, podem muito bem suportar estes detalhes, e, já que pregam o exemplo, deveriam tentar fazer com que todos os suportassem, a fim de que ninguém o ignore e de que a população, aterrorizada para sempre, torne-se franciscana no seu todo. Quem deveria ser intimidado, por outro lado, por este exemplo sempre furtivo, pela ameaça de um castigo apresentado como suave e rápido, mais suportável, afinal, de que um câncer, por este suplício coroado pelas flores da retórica? Certamente não aqueles que passam por honestos (e alguns o são), já que dormem àquela hora, que o grande exemplo não lhes foi anunciado, que comerão suas tortinhas na hora do enterro prematuro e que seriam informados da obra de justiça apenas se lessem os jornais, por um comunicado edulcorado, que derreterá como açúcar em sua memória. Entretanto, estas criaturas plácidas são as que fornecem o maior percentual de homicidas. Muitos dessa boa gente são criminosos que desconhecemos. Segundo um magistrado, a imensa maioria dos assassinos que ele havia conhecido não sabia, ao se barbear pela manhã, que iria matar à noite. Em favor do exemplo e da segurança, seria conveniente, portanto, em vez de maquiá-lo, brandir o rosto nu do condenado diante de todos que fazem a barba pela manhã.

Não se trata disso. O Estado disfarça as execuções e cala sobre estes textos e sobre estes testemunhos. Ele não acredita, portanto, no valor da pena como exemplo, a não ser por tradição e sem se dar ao trabalho de refletir. Mata-se o criminoso porque se fez isto ao longo dos séculos, e, ademais, mata-se nas formas que foram estabelecidas no final do século XVIII. Como rotina, retomaremos, portanto, os argumentos colocados há séculos, prontos para contradizê-los por medidas que a evolução da sensibilidade pública torna inevitáveis. Aplica-se uma lei sem maiores reflexões e nossos con-

Reflexões sobre a guilhotina | **35**

denados morrem por hábito, em nome de uma teoria na qual os executores não creem. Se acreditassem nela, saberíamos, e, sobretudo, veríamos. Mas a publicidade, além de despertar, na realidade, os instintos sádicos cuja repercussão é incalculável e que um dia, satisfazendo-se com um novo assassinato, arrisca-se, também, a provocar revolta e asco na opinião pública. A execução em sucessão se tornaria mais difícil, como se vê atualmente em nosso país, se as execuções se traduzissem em imagens vivas no imaginário popular. Assim como quem saboreia seu café ao ler que a justiça foi feita regurgitaria ao menor detalhe. E os textos que citei correriam o risco de dar bom aspecto a certos professores de direito penal, que, em sua incapacidade evidente de justificar esta pena anacrônica, consolam-se ao declarar, como o sociólogo Tarde, que mais vale matar sem fazer sofrer que fazer sofrer sem matar. Por isso, é preciso aprovar a posição de Gambetta[16] que, adversário da pena de morte, votou contra um projeto de lei sobre a supressão da publicidade das execuções, ao declarar:

Se suprimirmos o horror do espetáculo, se as execuções se derem no interior das prisões,

---

16 Léon Gambetta (1838-1882), político francês. Republicano de esquerda, milita a favor da liberdade de imprensa, da separação entre Igreja e Estado e da abolição da pena de morte. (*N. da E.*)

> vocês sufocarão o sobressalto público de revolta
> que se manifestou nestes últimos anos e conso-
> lidarão a pena de morte.

Na verdade, é preciso matar publicamente ou então admitir que não nos sentimos autorizados a matar. Se a sociedade justifica a pena de morte pela necessidade de exemplo, ela própria deve justificar-se ao tornar a publicidade necessária. Ela deve mostrar as mãos do carrasco, cada vez, e obrigar os cidadãos delicados demais a olhá-las, ao mesmo tempo que todos aqueles que, de perto ou de longe, suscitaram este carrasco. Pelo contrário, ela confessa que mata sem saber o que diz nem o que faz, ou sabendo que, longe de intimidar a opinião pública, estas cerimônias repugnantes só conseguem despertar o crime ou atirá-la na desordem. Ninguém melhor para nos fazer sentir do que um magistrado em fim de carreira, o senhor conselheiro Falco, cuja corajosa confissão merece reflexão:

> ... Em toda a minha carreira, a única vez em que
> fui contra uma comutação de sentença e a favor
> do culpado, acreditava que, apesar de minha
> posição, eu assistiria com a maior impassividade
> à execução. O indivíduo, aliás, não era nada
> interessante: havia sacrificado sua filhinha para
> depois lançá-la num poço. Pois bem, depois da
> execução, durante semanas e até mesmo meses,

minhas noites eram assombradas por essa lembrança... Como todo mundo, estive na guerra e vi uma juventude inocente morrer, mas posso dizer que, diante desse terrível espetáculo, nunca havia tido esta espécie de consciência pesada que senti diante desta espécie de assassinato administrativo que se convencionou chamar de pena capital.[17]

Mas, afinal, por que a sociedade acreditaria neste exemplo, já que ele não detém o crime, e seus efeitos, caso existam, são invisíveis? A pena capital não iria intimidar em princípio aquele que não sabe que vai matar, que decide no último instante, e prepara seu ato na febre ou na ideia fixa, nem aquele que, a caminho de um encontro para explicações, carrega uma arma para intimidar o infiel ou o adversário e se serve dela, mesmo quando não desejava ou não acreditava desejá-lo. Em resumo, ela não teria como intimidar o homem lançado no crime como se é lançado na desgraça. É o mesmo que dizer, então, que ela é impotente na maioria dos casos. É justo dizer que, em nosso país, ela é raramente aplicada nesses casos. Mas até esse próprio "raramente" faz tremer.

Pelo menos ela assusta esse tipo de criminoso no qual pretende agir e que vive do crime? Nada é mais incerto.

---

17 Revista *Réalités*, nº 105, outubro de 1954.

Pode-se ler em Koestler que, à época em que batedores de carteiras eram executados na Inglaterra, outros ladrões exerciam seus talentos na multidão que cercava o cadafalso onde enforcavam seu confrade. Uma estatística do início do século na Inglaterra mostra que, de 250 enforcados, 170 tinham antes assistido pessoalmente a uma ou duas execuções da pena capital. Ainda em 1886, de 167 condenados à morte que haviam desfilado na prisão de Bristol, 164 tinham assistido ao menos a uma execução. Estas pesquisas não podem mais ser realizadas na França, em função do segredo que cerca as execuções. Mas permitem pensar que devia haver em torno de meu pai, no dia da execução, um grande número de futuros criminosos que não vomitaram. O poder de intimidação se volta apenas para os tímidos que não são dedicados ao crime e se curva diante dos irredutíveis, justamente os que pretendia reduzir. Nestas páginas, é possível ver, assim como em obras especializadas, os números e os fatos mais convincentes a esse respeito.

Entretanto, não se pode negar que os homens temem a morte. A privação da vida é certamente a pena suprema e deveria suscitar neles um decisivo pavor. O medo da morte, oriundo das profundezas mais obscuras do ser, devasta-o; o instinto de vida, quando ameaçado, enlouquece e se debate nas piores angústias. O legislador, portanto, baseava-se na ideia de que sua lei pesava numa das instâncias mais misteriosas e mais poderosas da natureza humana. Mas a lei é sempre mais simples que a natureza. Quando ela se aventura, para tentar reinar, nas regiões cegas do ser, corre o risco maior de ser impotente no sentido de reduzir a complexidade que deseja organizar?

Na verdade, se o medo da morte é uma evidência, trata-se de outro e não deste medo, que, por maior que fosse, nunca bastou para desencorajar as paixões humanas. Bacon[18] tem razão quando diz que não existe nenhuma paixão, por mais fraca, que não possa enfrentar e dominar o medo da morte. A vingança, o amor, a honra, a dor ou outro medo conseguem triunfar. O que o amor por um ser ou por um país, o que a loucura pela liberdade chega a fazer, o que a cupidez, o ódio, o ciúme não fariam? Há séculos, a pena de morte, frequentemente acompanhada de refinamentos selvagens, tenta enfrentar o crime; o crime, no entanto, obstina-se. Por quê? Porque os instintos que no ser humano são combatidos não são, como quer a lei, forças constantes em estado de equilíbrio. São forças variáveis que morrem e triunfam sucessivamente e cujos desequilíbrios sucessivos alimentam a vida da alma, como oscilações elétricas, quando suficientemente

---

18 Francis Bacon (1561-1626), filósofo inglês. Após ter sido advogado-conselheiro do rei, torna-se um dos pioneiros do pensamento científico moderno. Mais conhecido como autor do *Novum Organum*, ou *Verdadeiras indicações acerca da interpretação da natureza*. (*N. da E.*)

aproximadas, estabelecem uma corrente. Imaginemos a série de oscilações, do desejo à inapetência, da decisão à renúncia, pelas quais nós todos passamos em um único dia, multipliquemos ao infinito estas variações e teremos uma ideia da proliferação psicológica. Geralmente, estes desequilíbrios são por demais fugazes para permitir que uma só força domine o ser por inteiro. Mas pode acontecer de uma das forças da alma se soltar até reinar sobre todo o campo da consciência; nenhum instinto, mesmo o de vida, pode opor-se à tirania desta força irreversível. Para que a pena capital seja realmente intimidadora, seria necessário que a natureza humana fosse diferente e que fosse também tão estável e serena quanto a própria lei. Mas, então, ela seria uma natureza morta.

E ela não o é. Assim, por mais surpreendente que possa parecer a quem não sentiu, em si próprio, a complexidade humana, o assassino, na maioria das vezes, considera-se inocente quando mata. Todo criminoso se sente absolvido antes do julgamento. Ele se acha, senão em seu direito, ao menos desculpado pelas circunstâncias. Ele não pensa nem prevê; quando pensa, é para prever que será total ou parcialmente perdoado pelas circunstâncias. Como temeria o que considera altamente improvável? Ele temerá a morte após o julgamento, e não antes do crime. Seria necessário, portanto, que a lei, para ser intimidadora, não desse nenhuma oportunidade ao assassino, que ela seja sobretudo implacável e não admita nenhuma circunstância atenuante em particular. Quem, em nosso país, ousaria fazer tal pedido?

E, se alguém o fizesse, seria preciso, ainda, contar com outro paradoxo da natureza humana. O instinto de vida, se é fundamental, não o é mais do que outro instinto sobre o qual não falam os psicólogos de elite: o instinto de morte que exige, em certos momentos, a destruição de si próprio e dos outros. É provável que o desejo de matar coincida muitas vezes com o desejo de morrer ou de aniquilar a si próprio.[19] O instinto de preservação se vê, desta forma, duplicado, em proporções variáveis, pelo instinto de destruição. Este último é o único que pode explicar por inteiro as inúmeras perversões que, do alcoolismo às drogas, levam a pessoa a sua derrocada sem que ela possa ignorá-la. O ser humano deseja viver, mas é esperar em vão que este desejo domine todos os seus atos. Ele deseja, também, não ser nada, quer o irreparável e a morte por si mesma. Assim, ocorre que o criminoso não deseje apenas o crime, mas a infelicidade que o acompanha, até mesmo e sobretudo se esta infelicidade é desmedida. Quando este estranho desejo aumenta e reina, não apenas a condenação à morte não poderia deter o criminoso mas é provável que

---

19 É possível ver semanalmente na imprensa casos de criminosos que hesitaram inicialmente entre se matar ou matar.

42 | Albert Camus

acrescentasse ainda mais à vertigem em que se perde. Mata-se, então, de certa forma, para morrer.

Estas singularidades bastam para explicar que uma pena que parece calculada para aterrorizar as mentes normais seja, na verdade, desvinculada da psicologia mediana. Todas as estatísticas, sem exceção, tanto as que concernem aos países abolicionistas quanto os outros, mostram que não há ligação entre abolição da pena de morte e criminalidade.[20] Esta última não aumenta nem diminui. A guilhotina existe, o crime também; o único elo aparente entre os dois é a lei. Tudo o que podemos concluir, a partir dos números há muito definidos pelas estatísticas, é o seguinte: ao longo dos séculos, punimos com a morte crimes outros que o assassinato, e a pena suprema, longamente repetida, não fez desaparecer nenhum deles. Há muitos séculos, não se punem mais estes crimes com a pena de morte. Entretanto, não aumentaram, e até mesmo, em alguns casos, diminuíram. Da mesma forma, por muitos séculos, puniu-se o assassinato com a pena de morte e a raça de Caim[21] nem por isso desapareceu. Das

---

20 Relatório do Select Committee inglês de 1930 e da Comissão Real inglesa que, recentemente, retomou o estudo: "Todas as estatísticas que examinamos nos confirmam que a abolição da pena de morte não provocou um aumento do número de crimes."

21 Na Gênese, Caim é o filho mais velho de Adão e Eva. Por ciúmes, mata o irmão Abel e é amaldiçoado por Deus, que o marca com um sinal. Simbolicamente, é o primeiro assassino da humanidade. (*N. da E.*)

trinta e três nações que acabaram com a pena de morte ou que não mais fazem uso dela, o número de assassinatos, afinal, não aumentou. Quem poderia concluir com isso que a pena de morte realmente intimide?

Os conservadores não podem negar estes fatos nem os números. Sua única e derradeira resposta é significativa. Ela explica a atitude paradoxal de uma sociedade que esconde tão cuidadosamente as execuções que ela pretende que sejam exemplares. "Nada prova, na realidade", dizem os conservadores, "que a pena de morte seja exemplar; é até mesmo certo que milhares de assassinos não se intimidaram. Mas não podemos conhecer aqueles a quem ela realmente intimidou; nada prova, portanto, que ela não seja exemplar." Desta forma, o maior dos castigos, aquele que propicia a última derrota para o condenado e que acarreta o privilégio supremo para a sociedade não se baseia em nada mais que uma possibilidade inverificável. A morte, ela não comporta gradações nem probabilidades. Ela fixa todas as coisas, tanto a culpabilidade quanto o corpo, numa rigidez definitiva. No entanto, em nosso país, ela nos é administrada em nome de uma possibilidade e de uma suposição. Embora esta suposição seja razoável, não seria necessária uma certeza para autorizar a mais definitiva das mortes? Ora, o condenado é cortado ao meio menos pelo crime que cometeu que em razão de todos os crimes que poderiam

44 | Albert Camus

ser cometidos e não foram, que poderão ser cometidos e não o serão. A maior das incertezas autoriza, neste caso, a certeza mais implacável.

Não sou o único a me espantar diante de uma contradição tão perigosa. O próprio Estado a condena e esta consciência pesada explica, por sua vez, a contradição de sua atitude. Ele afasta qualquer publicidade dessas execuções porque não consegue afirmar, diante dos fatos, que elas nunca tenham servido para intimidar os criminosos. Não consegue fugir do dilema no qual já o colocou Beccaria[22] quando escreveu: "Se é importante frequentemente dar ao povo provas de poder, então os suplícios devem ser frequentes; mas será necessário que os crimes também o sejam, o que provará que a pena de morte não provoca toda a impressão que deveria, de onde resulta que ela é ao mesmo tempo inútil e necessária." Que pode fazer o Estado com uma pena inútil e necessária, a não ser ocultá-la sem que seja abolida? Ele a manterá, portanto, um pouco afastada, não sem constrangimento, na esperança cega de que ao menos um homem, ao menos uma vez, vá se deter, em vista do castigo, em seu gesto assassino, e justificará, sem que ninguém jamais o saiba, uma lei que não tem a seu favor nem a razão nem a experiência. Para continuar

---

22 Cesare Beccaria (1738-1794), jurista e filósofo italiano, cujo célebre tratado *Dos delitos e das penas* exerceu grande influência em Voltaire e Diderot e contribui para a difusão das teses abolicionistas. (*N. da E.*)

a fingir que a guilhotina seja exemplar, o Estado é levado, desta forma, a multiplicar assassinatos bem reais, a fim de evitar um assassinato desconhecido, sobre o qual ele não sabe e nunca saberá se tem uma única oportunidade de ser perpetrado. Estranha lei, que, na verdade, sabe o assassinato que acarreta e desconhecerá sempre aquele que ela impede.

Que restará, então, deste poder de exemplo, se está provado que a pena capital tem outro poder, este, sim, bem real, que degrada os homens até a vergonha, a loucura e o assassinato?

Já podemos seguir os efeitos exemplares destas cerimônias na opinião pública, as manifestações de sadismo que nela despertam, a terrível sensação de glória que suscitam em determinados criminosos. Nenhuma nobreza cerca o cadafalso, mas, sim, o nojo, o desprezo ou o mais reles gozo. Estes efeitos são conhecidos. A própria decência também determinou que a guilhotina emigrasse da praça do Hôtel-de-Ville para as barreiras[23] e depois para as prisões. Ficamos menos informados quanto aos sentimentos daqueles cujo dever é assistir

23 As barreiras marcavam o limite de Paris e serviam de pedágio para a entrada de mercadorias, além de barreira de controle dos indivíduos que chegavam à capital. (*N. da E.*)

a este tipo de espetáculo. Ouçamos, então, o diretor de uma prisão inglesa que confessa um "sentimento agudo de vergonha pessoal" e o capelão que fala "do horror, da vergonha e da humilhação".[24] Imaginemos, sobretudo, os sentimentos do ser humano que mata a serviço, por encomenda, quero dizer, o carrasco. O que pensar destes funcionários, que chamam a guilhotina de "máquina", o condenado de "cliente" ou "pacote"? Vejamos o que pensa o padre Bela Just, que assistiu a cerca de trinta condenados e que escreve: "A gíria dos justiceiros não deve nada ao cinismo e à vulgaridade dos delinquentes."[25] De resto, eis as considerações de um de nossos auxiliares de executores sobre os deslocamentos na província: "Quando íamos viajar, eram verdadeiras disputas de risadas. Venham a nós os táxis, a nós os bons restaurantes!"[26] Ele mesmo diz, louvando a destreza do carrasco ao soltar a lâmina: "Podíamos *nos dar ao luxo* de puxar o cliente pelos cabelos." O desregramento que se expressa neste caso tem outros aspectos ainda mais profundos. As vestes dos condenados pertencem, em princípio, ao executor. Deibler, pai, prendia todos num barracão de tábuas e *ia espiá-los de vez em quando*. E, mais grave: eis o que declara nosso ajudante de carrasco:

---

24 Relatório do Select Committee inglês, de 1930.
25 Bela Just, *La Potence et la croix* [O patíbulo e a cruz], Fasquelle.
26 Roger Grenier, *Les Montres* [As demonstrações], *op. cit.*

Reflexões sobre a guilhotina | **47**

> O novo carrasco é um alucinado pela guilhotina.
> Às vezes, passa o dia inteiro em casa, sentado
> numa cadeira, de chapéu na cabeça, de casaco,
> esperando uma convocação do ministério.[27]

Sim, eis o homem sobre o qual Joseph de Maistre[28] dizia que, para que existisse, seria necessário um decreto especial do poder divino, sem o qual "a ordem daria lugar ao caos, os tronos desmoronariam e a sociedade desapareceria". Eis o homem por meio do qual a sociedade se livra inteiramente do culpado, pois o carrasco assina a autorização e entrega, então, um homem livre a seu critério. O belo e solene exemplo, imaginado por nossos legisladores, tem ao menos um efeito certo que é o de nivelar ou destruir a qualidade humana e a razão naqueles que colaboram diretamente com isso. Trata-se, diriam, de criaturas excepcionais que descobrem uma vocação nesta derrota. Diriam menos quando se souber que há centenas de pessoas que se oferecem gratuitamente para serem carrascos. Os homens de nossa geração, que viveram a história desses últimos anos, não se surpreenderão com esta informação. Eles sabem que, por trás dos semblantes mais tranquilos, e mais familiares,

---

27 Ibid.
28 Joseph de Maistre (1753-1821), político e escritor conservador. É um dos principais líderes da filosofia contrarrevolucionária francesa. (*N. da E.*)

dorme o instinto da tortura e do assassinato. O castigo que pretende intimidar um assassino desconhecido devolve certamente sua vocação de assassino a muitos outros monstros mais definidos. Já que estamos justificando nossas leis mais cruéis por meio de considerações prováveis, não duvidamos que, destas centenas de homens cujos serviços descrevemos, pelo menos um deve ter saciado os instintos sangrentos que a guilhotina nele despertou.

Portanto, se é desejável manter a pena de morte, que nos poupem, ao menos, da hipocrisia de uma justificativa pelo exemplo. Chamemos por seu nome esta pena à qual se recusa qualquer publicidade, esta intimidação que não se exerce sobre a boa gente honesta, enquanto o é, que fascina aqueles que deixaram de sê-lo e que degrada ou transtorna aqueles que a ela se prestaram. Certamente, ela é uma pena, um espantoso suplício, físico e moral, mas não oferece nenhum exemplo certo, senão desmoralizante. Ela sanciona, mas não evita nada, quando não desperta o instinto do assassinato. Ela existe como se não existisse, a não ser para quem é atingido por ela, em sua alma, durante meses ou anos, em seu corpo, durante a hora desesperada e violenta em que o cortam em dois, sem lhe suprimir a vida. Chamemo-la por seu nome, pelo que, à falta de outra nobreza, lhe dará a verdade, e vamos reconhecê-la pelo que é em sua essência: uma vingança.

Reflexões sobre a guilhotina | **49**

O castigo, que sanciona sem evitar, chama-se, na verdade, vingança. É uma resposta quase aritmética que a sociedade dá a quem confronta sua lei primordial. Esta resposta é tão antiga quanto a humanidade: chama-se talião.[29] Quem me fez mal deve sofrer o mal; quem me furou um olho deve perder um olho; quem matou, enfim, deve morrer. Trata-se de um sentimento particularmente violento, e não de um princípio. A lei de talião é da mesma ordem da natureza e do instinto, não é da ordem da lei. A lei, por definição, não pode obedecer às mesmas regras que a natureza. Se o assassinato está na natureza do ser humano, a lei não é feita para imitar ou reproduzir esta natureza. Ela é feita para corrigi-la. Ora, a lei de talião se limita a ratificar e a dar força de lei a um puro movimento da natureza. Nós todos já conhecemos este movimento, muitas vezes para nossa vergonha, e conhecemos seu poder: ele nos chega das florestas primitivas. A esse respeito, nós, os franceses que nos indignamos, com razão, ao ver o rei do petróleo[30] na Arábia Saudita pregar a democracia internacional e confiar a um açougueiro o cuidado de cortar à faca a mão do ladrão, vivemos também numa espécie de Idade

---

29 No Antigo Testamento, a lei de talião fixa a regra da vingança de acordo com a igualdade: "olho por olho, dente por dente". (*N. da E.*)

30 O príncipe Ibn Saud (1880-1953) foi célebre por seus costumes feudais e por sua justiça patriarcal, severa e inflexível. (*N. da E.*)

50 | Albert Camus

Média que nem mesmo tem o consolo da fé. Definimos ainda a justiça de acordo com as regras de uma aritmética grosseira.[31] Pode-se dizer, ao menos, que essa aritmética é exata e que a justiça, mesmo elementar, mesmo limitada à vingança legal, é salvaguardada pela pena de morte? É preciso responder que não.

Deixemos de lado o fato de que a lei de talião não se aplica e que pareceria tão excessivo castigar o incendiário ateando fogo a sua casa quanto insuficiente castigar o ladrão retirando de sua conta bancária uma soma equivalente a seu roubo. Admitamos que seja justo e necessário compensar o assassinato da vítima com a morte do criminoso. Mas a pena capital não é simplesmente a morte. Ela é tão diferente, em sua essência, da privação da vida, tanto quanto um campo de concentração difere da prisão. Ela é, sem dúvida, um assassinato e que paga aritmeticamente o crime cometido. Mas ela acrescenta à morte um regulamento, uma premeditação pública e conhecida pela futura vítima; enfim, uma organização que,

---

31 Há alguns anos, pedi um indulto para seis tunisianos condenados à morte pelo assassinato, num conflito, de três guardas franceses. As circunstâncias em que ocorreu este assassinato tornavam difícil repartir responsabilidades. Uma nota da presidência da república informou que minha súplica despertou o interesse do órgão qualificado. Infelizmente, quando esta nota me foi dirigida, eu havia lido, há duas semanas, que a sentença fora executada. Três dos condenados tinham sido mortos e os outros três, indultados. As razões para indultar uns e não outros não eram determinantes. Mas era necessário, sem dúvida, realizar três execuções capitais onde tinha havido três vítimas.

Reflexões sobre a guilhotina | 51

em si, é fonte de sofrimentos morais mais terríveis que a morte. Não há, portanto, equivalência. Muitas legislações consideram o crime premeditado mais grave que o crime de mera violência. Mas o que é, em si, então, a execução da pena capital senão o mais premeditado dos assassinatos, ao qual nenhum malfeito de criminoso, por mais calculado que seja, pode ser comparado? Para que haja uma equivalência, seria necessário que a pena de morte castigasse um criminoso que tivesse advertido sua vítima da época em que lhe seria dada uma morte horrível e que, a partir desse momento, tivesse-a mantido a sua mercê durante meses. Um monstro assim não se vê na vida privada.

Ainda nesse caso, quando nossos juristas oficiais falam de matar sem fazer sofrer, não sabem do que estão falando, e, sobretudo, falta-lhes imaginação. O medo devastador, degradante, que se impõe aos condenados durante meses ou até mesmo anos[32] é uma pena mais terrível que a morte e que não foi imposta à vítima. Mesmo no horror da violência mortal que lhe é feita, esta, na maioria das vezes, é precipitada na morte

---

32 Rœmen, condenado à morte na Liberação, ficou setecentos dias acorrentado antes de ser executado, o que é escandaloso. Os condenados pelo direito comum esperam, via de regra, de 3 a 6 meses pela manhã de sua morte. E é difícil, se o que se deseja é preservar suas chances de sobrevida, encurtar o prazo. Posso testemunhar, aliás, que o exame dos pedidos de indulto é feito na França com uma seriedade que não exclui o desejo visível de indultar, na medida em que a lei e os costumes o permitam.

sem saber o que lhe acontece. O tempo do horror lhe é contado com a vida, e a esperança de escapar da loucura que se abate sobre ela provavelmente nunca lhe falta. O horror é, pelo contrário, descrito em detalhes ao condenado à morte. A tortura pela esperança se alterna com o terror do desespero animal. O advogado e o capelão, por simples humanidade, os guardas, para que o condenado fique tranquilo, são unânimes em lhe garantir que terá a pena comutada. Ele acredita nisso com todo o seu ser e depois não acredita mais. Ele espera de dia e se desespera à noite.[33] À medida que se passam as semanas, a esperança e o desespero aumentam e se tornam igualmente insuportáveis. Segundo todas as testemunhas, a cor da pele muda, o medo age como um ácido. "Saber que se vai morrer não é nada", diz um condenado da prisão de Fresnes.[34] "Não saber se se vai viver é o terror e a angústia." Cartouche[35] dizia sobre o suplício supremo: "Ufa! É um mau quarto de hora a passar." Mas trata-se de meses, não de minutos. Com grande antecedência, o condenado sabe que vai ser morto e que somente pode salvá-lo um

---

33 Não sendo o domingo dia de execução a noite de sábado é sempre melhor nas alas dos condenados à morte.

34 Célebre prisão situada ao sul de Paris. Construída de 1895 a 1898, é um dos símbolos da superpopulação carcerária e das más condições de detenção. (*N. da E.*)

35 Dominique Bourguignon, conhecido como Cartouche (1693-1721). Lendário chefe de quadrilha, foi executado em 1721. (*N. da E.*)

indulto, segundo ele, bastante semelhante aos decretos do céu. Em todo caso, ele não pode intervir, nem rogar ele próprio, ou convencer. Tudo se passa fora dele. Não é mais um homem, mas uma coisa aguardando ser manuseada pelos carrascos. Ele é mantido na necessidade absoluta, a da matéria inerte, mas com uma consciência que é seu principal inimigo.

Quando os funcionários, cujo ofício é matar este homem, chamam-no de pacote, sabem o que dizem. Não poder fazer nada contra a mão que o desloca, que o retém ou o rejeita, não é, na verdade, ser como um pacote ou uma coisa, ou melhor, um animal enjaulado? E o animal ainda pode recusar comer. O condenado não. Obrigam-no a se beneficiar de um regime especial (na prisão de Fresnes, o regime nº 4, com suplementos de leite, vinho, açúcar, geleias e manteiga); certificam-se de que ele se alimente. Se for necessário, à força. O animal que vai ser morto deve sê-lo em plena forma. A coisa ou o animal tem apenas direito a estas liberdades degradantes, chamadas de caprichos. "Eles são muito sensíveis", declara, sem ironia, um chefe de brigada de Fresnes, referindo-se aos condenados à morte. Certamente, mas como reencontrar de outra maneira a liberdade e esta dignidade do querer que os homens não conseguem dispensar? Suscetível ou não, a partir do momento em que se pronunciou a sentença, o condenado entra numa máquina imperturbável. Ele fica rolando um determinado número de semanas nas engrenagens que comandam todos os seus gestos e, por fim, entregam-no às mãos que o estenderão na máquina de matar. O pacote não está mais submetido aos acasos que regem o ser vivo, mas, sim, a leis mecânicas que lhe permitirão prever sem erro o dia de sua decapitação.

Este dia coroa sua condição de objeto. Durante os quarenta e cinco minutos que o separam do suplício, a certeza de uma morte impotente tudo esmaga; o animal preso e submisso experimenta um inferno que faz parecer irrisório aquele com o qual o ameaçam. Os gregos eram, afinal, mais humanos com sua cicuta.[36] Eles concediam a seus condenados relativa liberdade, a possibilidade de atrasar ou adiantar a hora de sua própria morte. Eles deixavam escolher entre o suicídio e a execução. Nós, para maior segurança, fazemos justiça com as próprias mãos. Mas não poderia haver nisso realmente justiça, a menos que o condenado, após fazer com que fosse conhecida sua decisão com meses de antecedência, entrasse na casa de sua vítima e a tivesse amarrado solidamente e informado que ela seria sacrificada no prazo de uma hora e enfim ter preenchido esta última hora a montar o aparelho da

---

36 O mais célebre condenado à morte que bebeu cicuta foi Sócrates. O diálogo de Platão intitulado *Fédon* narra o último encontro do filósofo com seus discípulos, até o momento de sua morte. (*N. da E.*)

morte. Que criminoso jamais reduziu sua vítima a um estado tão desesperado e tão impotente?

Isso explica, sem dúvida, esta estranha submissão que é habitual nos condenados no momento de sua execução. Estes homens que não têm nada mais a perder poderiam jogar um vale-tudo, preferir a morte por uma bala ao acaso, ou ser guilhotinado numa destas lutas cheias de fúria que obscurecem todas as faculdades. De certa maneira, seria morrer livremente. E, no entanto, com raras exceções, a regra é que o condenado caminhe para a morte passivamente, numa espécie de morno desânimo. Isto é, sem dúvida, o que querem dizer nossos jornalistas quando escrevem que o condenado morreu corajosamente. É preciso ler nas entrelinhas que o condenado não fez barulho, não saiu de seu estado de pacote, e que todos lhe são gratos por isso. Num negócio tão degradante, o interessado dá provas de louvável decência ao permitir que a degradação não dure muito. Mas os cumprimentos e os atestados de coragem fazem parte da mistificação geral que cerca a pena de morte. Isto porque o condenado muitas vezes será tanto mais decente quanto maior seu medo. Ele não vai merecer os elogios de nossa imprensa em todo caso se seu medo ou seu sentimento de abandono forem suficientemente grandes para esterilizá-lo por completo. Entendam bem. Certos condenados, políticos ou não, morrem heroicamente, e

56 | Albert Camus

é preciso falar deles com a admiração e o respeito que convêm. Mas a maioria deles não conhece outro silêncio que não o do medo, outra impassividade que não a do terror e me parece que este silêncio apavorado merece um respeito ainda maior. Quando o padre Bela Just oferece a um jovem condenado permissão para escrever a seus familiares, alguns instantes antes de ser enforcado, ouve como resposta: "Não tenho coragem, nem mesmo para isto"; então, como um padre, ao ouvir esta confissão de fraqueza, não se inclinaria diante do que o ser humano tem de mais miserável e de mais sagrado? Aqueles que não falam e acerca dos quais se sabe o que sentiram pela pequena poça que deixam no lugar de onde são arrancados, quem ousaria dizer que morreram covardemente? E como seria necessário classificar, então, os que foram reduzidos a esta covardia? Afinal, todo assassino, quando mata, arrisca-se à mais terrível das mortes, enquanto os que o matam não se arriscam a nada, a não ser à promoção.

Não, o que o homem sente então está além de qualquer moral. Nem a virtude, nem a coragem, nem a inteligência, nem mesmo a inocência tem algo a desempenhar neste caso. A sociedade é, afinal, de uma só vez levada aos terrores primitivos, em que nada mais se pode julgar. Qualquer equidade, assim como qualquer dignidade, desaparece.

> O sentimento da inocência não imuniza contra
> as sevícias... Vi autênticos bandidos morrerem
> com dignidade, enquanto inocentes iam para a
> morte tremendo dos pés à cabeça.[37]

Quando o mesmo homem acrescenta que, segundo sua experiência, os desmaios atingem mais frequentemente os intelectuais, ele não quer dizer que esta categoria humana tenha menos coragem que outras, mas apenas que esta tem mais imaginação. Confrontado com a morte inevitável, o ser humano, sejam quais forem suas convicções, é devastado por completo.[38] O sentimento de impotência e de solidão do condenado amarrado, diante da coalizão pública que deseja sua morte, é em si um castigo inimaginável. Também a esse respeito seria melhor que a execução fosse pública. O comediante que existe em todo ser humano poderia, então, socorrer o animal assustado e ajudá-lo a fazer boa figura, mesmo a seus próprios olhos. Mas a noite e o segredo não têm recurso. Neste desastre, a coragem, a força da alma, a própria fé correm o risco de serem acasos. Em geral, o ser humano é atingido pela espera da pena capital muito antes de morrer. Duas mortes

---

37 Bela Just, *op. cit.* (*N. da E.*)
38 Um grande cirurgião, católico, confidenciou-me que, por experiência própria, não avisava nem mesmo aos que acreditavam em Deus quando eram atingidos por um câncer incurável. O choque, segundo ele, corria o risco de devastar até mesmo sua fé.

58 | Albert Camus

lhe são infligidas, a primeira pior que a outra, visto que ele matou apenas uma vez. Comparada a este suplício, a pena do talião parece ainda mais uma lei de civilização. Ela jamais pretendeu que fosse necessário furar os dois olhos daquele que furou um olho do irmão.

Esta injustiça fundamental repercute, aliás, nos pais do supliciado. A vítima tem seus parentes, cujos sofrimentos são geralmente infinitos e que, na maioria dos casos, desejam ser vingados. E eles o são, mas os pais do condenado conhecem, então, uma extrema infelicidade que os castiga para além de qualquer justiça. A espera de uma mãe, ou de um pai, durante longos meses, o parlatório, as conversas falsas com que se preenchem os curtos momentos passados com o condenado, as imagens da execução, são, finalmente, torturas que não foram impostas às pessoas próximas à vítima. Quaisquer que sejam seus sentimentos, não podem desejar que a vingança exceda de tal forma o crime e que ela torture os seres que compartilham, violentamente, sua própria dor.

> Fui indultado, padre, escreve um condenado
> à morte, ainda não me dei conta inteiramente
> da felicidade que me coube; meu indulto foi
> assinado em 30 de abril e me foi transmitido

na quarta-feira, quando voltava do parlatório.
Pedi logo que avisassem papai e mamãe, que
ainda não tinham deixado a prisão da Santé.
Imaginem a felicidade deles![39]

Imagina-se, na verdade, mas na própria medida em
que é possível imaginar sua interminável infelicidade
até o instante do perdão, e o desespero definitivo daqueles que recebem a outra notícia, a que castiga, em sua
iniquidade, em sua inocência e em sua desgraça.

Para acabar com esta lei de talião, é preciso constatar
que, mesmo em sua forma primitiva, ela só pode valer
entre dois indivíduos, dos quais um é absolutamente
inocente e o outro, absolutamente culpado. Certamente,
a vítima é inocente. Mas a sociedade que é incumbida
de representá-la pode aspirar à inocência? Ela não seria
responsável, ao menos em parte, pelo crime que reprime
com tanto rigor? Este tema foi elaborado frequentemente
e não retomarei os argumentos que as mentes mais diversas expuseram desde o século XVIII. Aliás, pode-se
resumi-los ao dizer que toda sociedade tem os criminosos

---

39 R. P. Devoyod, *op. cit.* É impossível, também, ler sem ficar transtornado, os pedidos de indulto apresentados por um pai ou uma mãe, que, visivelmente, não compreendem o castigo que subitamente recai sobre eles.

60 | Albert Camus

que merece. Mas, em se tratando da França, é impossível deixar de assinalar as circunstâncias que deveriam tornar nossos legisladores mais modestos. Ao responder em 1952 a uma pesquisa do *Figaro* sobre pena de morte, um coronel afirmava que a instituição de trabalhos forçados perpétuos como pena suprema equivaleria a constituir escolas do crime. Este oficial superior parecia desconhecer, e me rejubilo por ele, que já tínhamos nossas escolas do crime, que apresentam, com nossas casas de detenção, esta considerável diferença que se pode verificar a qualquer hora do dia ou da noite: são os bistrôs e os bairros insalubres, glórias de nossa república. Sobre este item, é impossível se expressar com moderação.

As estatísticas estimam em 64.000 os alojamentos superlotados (de 3 a 5 pessoas por cômodo) somente na cidade de Paris. Evidentemente, o assassino de crianças é uma criatura particularmente ignóbil e que não desperta nenhuma piedade. É provável também (digo provável) que nenhum de meus leitores, colocado nas mesmas condições de promiscuidade, chegasse ao assassinato de crianças. Não se trata, portanto, de diminuir a culpabilidade de determinados monstros. Mas estes monstros, em alojamentos decentes, talvez não tivessem a oportunidade de ir tão longe. O mínimo que se pode dizer é que não são os únicos culpados e parece difícil que o direito de puni-los seja dado àqueles mesmos que subvencionam a plantação de beterrabas em detrimento da construção.[40]

Mas o álcool torna ainda mais incontestável este escândalo. Sabe-se que a nação francesa é sistematicamente intoxicada por sua maioria parlamentar, por motivos geralmente ignóbeis. Ora, a taxa de responsabilidade do álcool na gênese dos crimes de sangue é alucinante. Um advogado (Dr. Guillon) a estimou por volta de 60%. Para o Dr. Lagriffe este percentual vai de 41,7% a 72%. Uma pesquisa realizada em 1951, no centro de triagem da prisão de Fresnes, entre os condenados pelo direito comum, revelou 29% de alcoólatras crônicos e 24% de indivíduos com ascendência alcoólatra. Por fim, 95% dos carrascos de crianças são alcoólatras. Belos números! Podemos apresentar um número mais impressionante ainda: a declaração de um bar que declarava ao fisco, em 1953, 410 milhões de lucro. A comparação destes números permite informar aos acionistas do referido bar e aos deputados a favor do álcool que certamente mataram mais crianças do que pensam. Adversário da pena capital, estou longe de pedir sua condenação à morte. Mas, para começar, parece-me indispensável e urgente conduzi-los, sob escolta militar, à próxima execução de um assassino de criança e lhes entregar, na saída, um boletim estatístico com os números que mencionei.

---

40 A França é o país número um em consumo de álcool e o décimo quinto dos países na área de construção civil. [1957]

62 | Albert Camus

Quanto ao Estado que semeia o álcool,[41] ele não deve espantar-se ao colher o crime.[42] De resto, ele não se espanta e se limita a cortar as cabeças nas quais ele mesmo despejou tanto álcool. Imperturbável, ele faz justiça, colocando-se como credor: sua consciência não fica maculada. Como o representante de bebidas alcoólicas, que, ao responder a uma pesquisa do *Figaro*, exclamava: "Eu sei o que faria o mais feroz defensor da abolição da pena de morte se, com uma arma a seu alcance, se visse subitamente diante de assassinos a ponto de matar seu pai, sua mãe, seus filhos ou seu melhor amigo. Então!" Este "então" parece ele próprio um tanto bêbado. Naturalmente, o mais ferrenho defensor da abolição atiraria nesses assassinos, e com um motivo legítimo, sem que isso afetasse em nada suas razões para defender a abolição. Mas, além disso, se ele tivesse um pouco de sequência nas ideias e se os referidos assassinos cheirassem um pouco demais a álcool, iria em seguida se ocupar

---

41 O problema dos destiladores de álcool foi frequentemente evocado na Assembleia Nacional sem que nenhuma solução fosse encontrada na época em que Camus escreveu *Reflexões sobre a guilhotina*. Existe um Conselho de Controle de Bebidas Alcoólicas: até recentemente, tradição e preocupações orçamentárias influenciaram mais a política nesse campo do que a saúde pública. (*N. da E.*)

42 Os partidários da pena de morte fizeram grande alarde no fim do século passado sobre o aumento da criminalidade a partir de 1880 que parecia seguir uma redução da aplicação da pena. Mas foi em 1880 que se promulgou a lei que permitia abrir lojas de bebidas sem autorização prévia. Diante disso, vá interpretar as estatísticas!

daqueles cuja vocação é intoxicar os futuros criminosos. Na verdade, é totalmente surpreendente que os pais de vítimas de crimes do álcool nunca tenham tido a ideia de solicitar alguns esclarecimentos no Parlamento. No entanto, é o contrário que se passa, e o Estado, investido da confiança geral, apoiado até mesmo pela opinião pública, continua a castigar os assassinos, até mesmo e sobretudo os alcoólatras, um pouco como o que ocorre no caso dos cafetões, que castigam as laboriosas criaturas que garantem seu sustento. Mas o cafetão não dá lições de moral. O Estado, sim. Sua jurisprudência, quando admite que a embriaguez às vezes constitui uma circunstância atenuante, desconhece o alcoolismo crônico. A embriaguez só acompanha, entretanto, os crimes violentos, que não são punidos com a morte, enquanto o alcoólico crônico também é capaz de crimes premeditados que lhe custarão a morte. O Estado se reserva, assim, ao direito de punir neste único caso em que sua responsabilidade é profundamente empenhada.

Isto quer dizer que todo alcoólatra deve ser declarado irresponsável por um Estado que baterá no peito até que o país só beba suco de frutas? Certamente não. Não mais do que as razões oriundas da hereditariedade devem eliminar qualquer culpa. A responsabilidade real de um delinquente não pode ser avaliada com precisão. Sabe-se que o cálculo não consegue dar conta do número de nossos antepassados, quer alcoólatras ou não. Na extremidade do tempo, ele seria 10 elevado à potência 22 vezes maior do que os atuais habitantes da Terra. O número de disposições erradas ou mórbidas que conseguiram nos transmitir, portanto, é incalculável. Viemos ao mundo carregados com o peso de uma necessidade infinita. É preciso concluir que neste caso há uma irresponsabilidade geral. A lógica preferiria que nem o castigo nem a recompensa jamais fossem pronunciados, e, ao mesmo tempo, qualquer sociedade se tornaria impossível. O instinto de preservação das sociedades e, portanto, dos indivíduos exige, ao contrário, que a responsabilidade individual seja postulada. É preciso aceitá-la, sem aspirar a uma indulgência absoluta que coincidiria com a morte de toda a sociedade. Mas o mesmo raciocínio deve levar-nos a concluir que nunca existe uma responsabilidade total, nem, consequentemente, castigo ou recompensa absolutos. Ninguém pode ser recompensado definitivamente, nem mesmo os prêmios Nobel. Mas ninguém deveria ser castigado absolutamente, se julgado culpado, e, com mais razão ainda, corre-se o risco de ser inocente. A pena de morte, que não serve realmente como exemplo nem à justiça distributiva, usurpa, além do mais, um privilégio exorbitante, ao pretender castigar uma culpa sempre relativa com um castigo definitivo e irreparável.

Se a pena capital, na verdade, é um exemplo duvidoso e uma justiça claudicante, é preciso concordar com seus defensores que é eliminadora. A pena de morte elimina definitivamente o condenado. Só isto, a bem dizer, deveria excluir, sobretudo por seus partidários, a repetição de eventuais argumentos, que, como acabamos de ver, possam ser contestados incessantemente. É mais leal dizer que ela é definitiva porque deve sê-lo, garantir, assegurar que certos homens são irrecuperáveis para a sociedade, que constituem um perigo permanente para todo cidadão e para a ordem social, e que é necessário, portanto, ao fim e ao cabo, suprimi-los. Ao menos, ninguém pode contestar a existência de certas feras sociais, cuja energia e brutalidade nada parece capaz de quebrar. Certamente, a pena de morte não resolve o problema que eles colocam. Convenhamos, ao menos, que ela o suprime.

Voltarei a tratar desses homens. Mas a pena capital só se aplicaria a eles? É possível garantir que nenhum dos executados é recuperável? Pode-se até mesmo jurar que nenhum deles é inocente? Em ambos os casos, não devemos confessar que a pena capital só é eliminadora na medida em que é irreparável? Ontem, 15 de março de 1957, foi executado na Califórnia Burton Abbott, condenado à morte por ter assassinado uma menina de quatorze anos. Eis aí, creio, o tipo de crime odioso, que enquadra seu autor entre os irrecuperáveis. Apesar de Abbott ter

66 | Albert Camus

sempre alegado inocência, foi condenado. Sua execução havia sido marcada para 15 de março, às 10 horas. Às 9h10, um *sursis* havia sido concedido para permitir à defesa apresentar um último recurso.[43] Às 11 horas, o recurso foi rejeitado. Às 11h15, Abbott entrava na câmara de gás. Às 11h18, aspirou as primeiras lufadas de gás. Às 11h20, o secretário da Comissão de Indultos telefonou. A comissão havia mudado o parecer. O governador, que partira para o litoral, foi procurado, depois telefonaram diretamente para a prisão. Abbott foi retirado da câmara de gás. Era tarde demais. Se ontem tivesse havido uma tempestade sobre a Califórnia, o governador não teria partido. Ele teria telefonado dois minutos antes: atualmente, Abbott estaria vivo, e talvez visse comprovada sua inocência. Qualquer outra pena, mesmo a mais dura, lhe daria esta oportunidade. A pena de morte não lhe deu nenhuma.

Poderiam dizer que este fato é uma exceção. Nossas vidas também o são, e, no entanto, em nossa existência fugaz, isto se passa perto de nós, a uma dezena de horas de avião. A desgraça de Abbott não é tanto uma exceção quanto uma nota, entre outras, um erro que não é isolado, se acreditamos em nossos jornais (ver o caso Deshays,[44]

---

43 Deve-se observar que o costume, nas prisões estadunidenses, é mudar o condenado de cela na véspera de sua execução, ao lhe anunciar a cerimônia que o aguardava.

44 Deshays era um lenhador da região de Mayenne que, por não saber se explicar, preferiu confessar um crime do qual era inocente. (*N. da E.*)

para citar apenas o mais recente). O jurista d'Olivecroix, ao aplicar, por volta de 1860, ao acaso a possibilidade de erro judiciário o cálculo das probabilidades, concluiu, além disso, que cerca de um inocente era condenado a cada duzentos e cinquenta e sete casos. A proporção é baixa? Ela é baixa em relação às penas médias. Ela é infinita em relação à pena capital. Quando Hugo escreveu que, para ele, a guilhotina se chama Lesurques,[45] não quer dizer que todos os condenados que ela decapita são Lesurques, mas que basta um Lesurques para que ela seja desonrada para sempre. Compreende-se que a Bélgica tenha renunciado definitivamente a sentenciar a pena de morte após um erro judiciário e que a Inglaterra tenha colocado a questão da abolição após o caso Hayes.[46] Compreendem-se, também, as conclusões de um procurador-geral que, consultado sobre um recurso pedindo o indulto de um criminoso, muito provavelmente culpado, mas cuja vítima não havia sido encontrada, escreveu: "A sobrevida de X... garante à autoridade a possibilidade de examinar a seu critério qualquer novo indício que fosse anexado posteriormente quanto à existência de sua mulher..."[47] Inversamente, a execução da pena capital, ao

---

45 Nome do inocente guilhotinado no caso do *Courrier de Lyon*.
46 Hayes foi enforcado, segundo a legislação inglesa da época, por um crime do qual era inocente. (*N. da E.*)
47 O condenado fora acusado de ter assassinado a mulher. Mas o corpo nunca foi encontrado.

68 | Albert Camus

anular esta possibilidade hipotética de exame, daria, temo eu, ao menor indício de um valor teórico, uma força de arrependimento que acho inoportuno criar." O apreço à justiça e à verdade se expressam neste caso de forma comovente e conviria citar frequentemente, em nossos tribunais, esta "força do arrependimento" que resume com tanta firmeza o perigo diante do qual se vê todo jurado. Uma vez morto o inocente, ninguém pode fazer mais nada por ele, a não ser reabilitá-lo, se ainda houver alguém que o peça. Então lhe devolvem a inocência, que, a bem dizer, nunca se perdera. Mas a perseguição da qual foi vítima, seus terríveis sofrimentos, a morte horrível ficam para sempre. Só resta pensar nos inocentes do futuro, para que estes suplícios lhes sejam poupados. Assim fizeram na Bélgica. Aqui, em nosso país, as consciências, aparentemente, estão tranquilas.

Sem dúvida, baseiam-se na ideia de que a justiça, ela também, tenha evoluído e caminha no mesmo ritmo da ciência. Quando o perito cientista disserta no tribunal parece que um padre falou, e o júri, educado na religião da ciência, opina. Entretanto, nos casos recentes, sendo o principal o de Besnard,[48] deram-nos uma boa ideia

---

48 Marie Besnard (1896-1980) foi acusada, em relatório de peritos em toxicologia, de ter envenenado sete membros de seu círculo. O processo, sem chegar a uma certeza definitiva, provou, entretanto, a fragilidade de perícias que se contradiziam de forma evidente. (*N. da E.*)

do que seria uma comédia de peritos. A culpabilidade não fica mais bem comprovada por ter sido feita numa proveta, mesmo graduada. Uma segunda proveta dirá o contrário e a equação pessoal conserva toda a sua importância nestas perigosas matemáticas. A proporção de cientistas realmente peritos é a mesma que a de juízes psicólogos, apenas mais forte do que a de júris sérios e objetivos. Hoje, assim como ontem, a chance de erro permanece. Amanhã, uma nova perícia determinará a inocência de um Abbott qualquer. Mas Abbott estará morto, ele também, cientificamente, e a ciência, que pretende provar tanto a inocência quanto a culpa, ainda não conseguiu ressuscitar aqueles que ela mata.

Entre os próprios culpados, será que se tem certeza também de só ter morto os irredutíveis? Todos aqueles que, assim como eu, em uma época de sua vida, acompanharam por necessidade os processos dos tribunais, sabem que há muitos acasos numa sentença, mesmo que seja mortal. A fisionomia do acusado, seus antecedentes (o adultério é frequentemente considerado circunstância agravante por jurados, que eu nunca achei que fossem todos e sempre fiéis), sua atitude (que só lhe é favorável se for convencional, quer dizer representação, na maior parte do tempo), seu modo de falar, o próprio linguajar (os reincidentes sabem que não se deve balbuciar nem falar bem demais), tantos acasos que influenciam a de-

70 | Albert Camus

cisão final do júri. No momento da sentença de morte, podemos nos assegurar de que foi necessário, para chegar à mais definitiva das penas, uma grande colaboração de incertezas. Quando se sabe que a sentença máxima depende de uma avaliação que o júri faz das circunstâncias atenuantes, quando se sabe, sobretudo, que a reforma de 1832 deu a nossos jurados o poder de conceder circunstâncias atenuantes *indeterminadas*, imagina-se a margem deixada ao humor momentâneo dos jurados. Não é mais a lei que prevê com precisão os casos em que se deve sentenciar a morte, mas, sim, o júri que posteriormente os avalia, é o caso de dizer, ao jurado. Como não há dois júris comparáveis, quem é executado poderia não ter sido. Irrecuperável aos olhos da boa gente de Ille-et-Vilaine, ele teria recebido uma espécie de pedido de desculpas dos bons cidadãos do Var. Infelizmente, a mesma lâmina cai nos dois departamentos. E ela não vê esse detalhe.

Os acasos do tempo se juntam aos da geografia para reforçar o absurdo geral. O operário comunista francês[49] que acaba de ser guilhotinado na Argélia por ter colocado uma bomba (descoberta antes de explodir) no vestiário de uma fábrica foi condenado tanto por seu ato quanto

---

49 Trata-se de Fernand Yveton (1926-1957). Militante comunista anticolonialista, foi preso quando ajustava uma bomba, para evitar que sua explosão acarretasse perdas humanas. Foi torturado pelos paraquedistas antes de ser condenado à morte e guilhotinado na prisão de Barberousse, diante da qual o pai de Camus assistia a uma execução da pena capital. (*N. da E.*)

pelo espírito da época. No clima atual da Argélia, quis-se provar ao mesmo tempo à opinião árabe que a guilhotina era feita também para franceses e dar uma satisfação à opinião pública francesa indignada com os crimes de terrorismo. Ao mesmo tempo, no entanto, o ministro[50] que cobria a execução aceitava os votos comunistas em sua circunscrição. Se as circunstâncias fossem outras, o acusado se livraria facilmente e corria apenas o risco de se tornar, um dia, deputado pelo partido, bebendo no mesmo bar que o ministro. Tais pensamentos são amargos e seria desejável que permanecessem vivos na alma de nossos governantes. Eles devem saber que os tempos e os costumes mudam; chega o dia no qual o culpado, executado com muita pressa, já nem parece tão cruel. Mas é tarde demais, e só resta se arrepender ou esquecer. Na verdade, esquecemos. A sociedade, no entanto, nem por isso é menos atingida. O crime impune, segundo os gregos, infectava a cidade. Mas a inocência condenada, ou o crime com punição excessiva, a longo prazo, não a macula menos. Nós o sabemos muito bem na França.

Esta é, poderiam dizer, a justiça humana, e, apesar de suas imperfeições, vale mais que o arbítrio. Mas esta melancólica avaliação só é suportável em relação às penas comuns. Ela é escandalosa diante das sentenças de morte.

---

50 Camus se refere, neste caso, a Robert Lacoste (1898-1989), político várias vezes ministro nos governos socialistas da IV República. (*N. da E.*)

Uma obra clássica do direito francês, para desculpar a pena de morte por não ser suscetível a gradações, assim escreve: "A justiça humana não tem a menor ambição de assegurar esta proporção. Por quê? Porque ela sabe que é defeituosa." Será necessário, portanto, concluir que este mal nos autoriza a pronunciar um juízo absoluto e que, incerta de fazer justiça pura, a sociedade deve precipitar-se, correndo os maiores riscos, à suprema injustiça? Se a justiça sabe que está enferma, não seria conveniente que ela se mostrasse modesta, deixando em torno de suas sentenças uma margem suficiente para que o erro eventual pudesse ser reparado?[51] Esta fraqueza em que ela encontra por si mesma, de modo permanente, uma circunstância atenuante, não deveria concedê-la sempre ao próprio criminoso? O júri pode dizer decentemente: "Se eu o faço morrer por um erro, você me perdoará em função das fraquezas de nossa natureza comum. Mas eu o condeno à morte sem levar em conta essas fraquezas nem essa natureza"? Há uma solidariedade de todos os seres humanos no erro e nos desvios. Será necessário, ainda, que esta solidariedade valha para o tribunal e seja negada ao acusado? Não, e, se a justiça tem algum sentido

---

51 Nós nos congratulamos por ter indultado Sillon, que recentemente matara a filhinha de quatro anos para não entregá-la à mãe, que queria se divorciar. Descobriu-se, na verdade, durante sua detenção, que Sillon tinha um tumor no cérebro que poderia explicar a loucura de seu ato.

neste mundo, ela não significa nada além do reconhecimento desta solidariedade; em sua própria essência, ela não pode se separar da compaixão. A compaixão, claro, só pode ser nesse caso o sentimento de uma dor comum e não uma frívola indulgência que não levasse em conta o sofrimento e os direitos da vítima. Ela não exclui o castigo, mas suspende a condenação última. Ela sente repugnância, na medida definitiva, irreparável, em que é injusta com o ser humano em seu todo, já que não dá lugar à miséria da condição comum.

A bem dizer, como determinados júris sabem muito bem, quando frequentemente admitem circunstâncias atenuantes num crime que nada pode atenuar. Isto porque a pena de morte lhes parece, então, excessiva e preferem não punir suficientemente a punir em excesso. A extrema severidade da pena favorece, então, o crime em vez de sancioná-lo. Não há uma sessão de tribunal em que não se leia em nossa imprensa que uma sentença é incoerente e que, diante dos fatos, parece insuficiente ou excessiva. Mas os jurados não desconhecem isto. Simplesmente, diante da enormidade da pena capital, preferem, como nós mesmos faríamos, passar por tontos em vez de comprometer suas noites futuras. Sabendo-se fracos, eles tiram disso as conclusões convenientes. E a verdadeira justiça está de seu lado, na medida em que a lógica não está.

74 | Albert Camus

Entretanto, há grandes criminosos que todos os júris condenariam onde quer que seja, não importa a época. Seus crimes são certos e as provas obtidas pela acusação se juntam às confissões da defesa. Sem dúvida, o que têm de anormal e de monstruoso já as enquadra em uma rubrica patológica. Mas os peritos psiquiatras confirmam, na maioria dos casos, sua responsabilidade. Recentemente, em Paris, um rapaz de caráter um pouco fraco, mas terno e afetuoso, muito ligado à família, segundo sua confissão, fica irritado com um comentário do pai sobre sua chegada tardia. O pai estava lendo, sentado à mesa da sala de jantar. O rapaz pega um machado e, pelas costas, abate o pai com vários golpes mortais. Em seguida, da mesma maneira, mata a mãe, que estava na cozinha. Ele se despe, esconde as calças ensanguentadas no armário, e, sem nada deixar transparecer, vai visitar os pais de sua noiva; em seguida, volta a casa e avisa à polícia que acaba de encontrar os pais assassinados. A polícia logo descobre as calças ensanguentadas, e, sem dificuldade, consegue a confissão tranquila do parricida. Os psiquiatras concluíram pela responsabilidade deste assassino por irritação. Sua estranha indiferença, da qual daria outras provas na prisão (vangloriando--se de que o enterro dos pais fora acompanhado por muita gente: "Eles eram muito queridos", dizia a seu advogado), não pode, contudo, ser considerada como normal. Mas o raciocínio estava aparentemente intacto em seu caso.

Muitos "monstros" exibem rostos também impenetráveis. Eles são eliminados, com base unicamente nos fatos. Aparentemente, a natureza ou o tamanho de seus crimes não permite imaginar que possam arrepender-se ou se corrigir. Basta apenas evitar que recomecem e não há outra solução a não ser eliminá-los. Neste limite, e unicamente nele, é legítima a discussão acerca da pena de morte. Em todos os outros casos, os argumentos dos conservadores não resistem à crítica dos abolicionistas. Nesse limite, no desconhecimento em que nos vemos, instala-se uma aposta ao contrário. Nenhum fato, nenhum raciocínio pode convencer aqueles que pensam que sempre deve ser dada uma oportunidade ao último dos homens e aqueles que acham tratar-se de uma oportunidade ilusória. Mas talvez seja possível, nessa fronteira última, superar a longa oposição entre partidários e adversários da pena de morte, ao avaliar a oportunidade desta pena atualmente na Europa. Com muito menos competência, tentarei responder, desta forma, ao voto de um jurista suíço, o professor Jean Graven, que, em 1952, em seu notável estudo sobre o problema da morte, escreveu:

> ... Diante do problema que se coloca outra vez a nossa consciência e a nossa razão, pensamos que uma solução deva ser pesquisar não mais nas concepções, nos problemas e nos argumentos do passado, nem nas esperanças e nas promessas teóricas do futuro, mas nas ideias, nas determinações e nas necessidades atuais.[52]

É possível, na verdade, discutir eternamente os benefícios ou a devastação da pena de morte ao longo dos séculos ou no campo das ideias. Mas ela desempenha um papel aqui e agora, e temos de nos definir aqui e agora, em face do carrasco moderno. O que significa a pena de morte para os homens desta metade de século?

Para simplificar, digamos que nossa civilização perdeu os únicos valores que, de certa forma, podem justificar esta pena, e, ao contrário, sofre de males que necessitam sua eliminação. Em outras palavras, a abolição da pena de morte deveria ser exigida pelos membros conscientes de nossa sociedade, ao mesmo tempo por motivos de lógica e de realismo.

Primeiro, a lógica. Decretar que um ser humano deva ser abatido pelo castigo definitivo é o mesmo que decidir que este ser humano não tem mais nenhuma chance de

---

52 *Revue de Criminologie et de Police technique*, Genebra, edição especial, 1952.

recuperação. É neste ponto, vamos repetir, que os argumentos se confrontam cegamente e se cristalizam em uma oposição estéril. Mas, justamente, nenhum de nós pode responder categoricamente sobre este item porque todos somos juízes e partes. Daí advém nossa incerteza acerca de nosso direito de matar e a impotência em que nos encontramos para nos convencermos reciprocamente. Sem uma inocência absoluta, não há juiz supremo. Ora, todos nós já fizemos mal em nossa vida, mesmo se este mal, sem cair sob os golpes da lei, chegue até o crime desconhecido.[53] Não há justos, mas apenas corações mais ou menos pobres de justiça. Viver, pelo menos, permite-nos sabê-lo e acrescentar à soma de nossos atos um pouco do bem que vai compensar, em parte, o mal que lançamos ao mundo. Este direito de viver que coincide com a oportunidade de reparação é o direito natural de todos os seres, mesmo o pior deles. O último dos criminosos e o mais íntegro dos juízes se veem lado a lado, igualmente miseráveis e solidários.[54] Sem este direito, a vida moral é rigorosamente impossível. Nenhum de nós, em especial, está autorizado a perder a esperança em um único homem, a não ser após sua morte, que transforma

---

53 Ver *A queda*, especialmente a cena do grito do personagem de uma mulher que se afoga. (*N. da E.*)

54 A solidariedade contra a morte é um tema central de *O homem revoltado*. (*N. da E.*)

78 | Albert Camus

sua vida em destino e permite, então, o juízo definitivo. Mas pronunciar o juízo definitivo antes da morte, decretar o fechamento das contas quando o credor ainda está vivo, não compete a nenhum ser humano. Neste limite, ao menos, quem julga de modo absoluto se condena de modo absoluto.

Bernard Fallot, da facção Masuy, a serviço da Gestapo, que foi condenado à morte após ter reconhecido os inúmeros e terríveis crimes pelos quais ele se confessara culpado e que morreu com a maior das coragens, declarava, ele próprio, que não podia ser indultado. "'Minhas mãos estão vermelhas demais com sangue', dizia ele a um companheiro de prisão."[55] A opinião, e a de seus juízes, colocavam-no certamente entre os irrecuperáveis, e eu ficaria tentado a admiti-lo, se não tivesse lido um testemunho surpreendente. Eis o que Fallot dizia ao mesmo colega, após ter declarado que gostaria de morrer corajosamente: "Você quer que eu diga qual é o meu pior arrependimento? Pois bem! É nunca ter conhecido antes a Bíblia que trago comigo. Garanto que não estaria aqui onde estou." Não se trata de ceder a alguma ideia convencional e lembrar os bons condenados de Victor Hugo. Os séculos do Iluminismo, como se diz, queriam eliminar a pena de morte, sob o pretexto de que nenhum

---

55 Jean Bocagno, *Quartier des fauves, prison de Fresnes* [Distrito dos selvagens, prisão de Fresnes]. Éditions du Fuseau.

ser humano seria intrinsecamente bom. Naturalmente, ele não o é (é pior ou melhor). Vinte anos depois de nossa soberba história, sabemos bem disso. Mas é porque ele não o é que nenhum de nós se pode colocar como juiz absoluto e sentenciar a eliminação definitiva do pior dos culpados, porque nenhum de nós pode pretender à inocência absoluta. O juízo capital rompe a única solidariedade humana indiscutível, a solidariedade contra a morte, e ele só pode ser legitimado por uma verdade ou um princípio que se coloque acima da humanidade.

Na verdade, o castigo supremo sempre foi, ao longo dos séculos, uma pena religiosa. Infligida em nome do rei, representante de Deus na Terra, ou pelos padres, ou, ainda, em nome de uma sociedade considerada um corpo sagrado, não se trata, então, de romper a solidariedade humana, mas, sim, o pertencimento do culpado à comunidade divina, a única a poder dar-lhe a vida. A vida terrena lhe será subtraída, sem dúvida, mas a oportunidade de reparação é mantida. O verdadeiro julgamento não é pronunciado, ele o será no outro mundo. Os valores religiosos, em especial a crença na vida eterna, são, portanto, os únicos que podem fundamentar o castigo supremo, por impedirem, segundo sua lógica própria, que ele seja definitivo e irreparável. Só se justifica na medida em que não é supremo.

80 | Albert Camus

A Igreja católica, por exemplo, sempre admitiu a necessidade da pena de morte. Ela própria a infligiu, e sem nenhuma avareza, em outros tempos. Atualmente ainda, ela a justifica e concede ao Estado o direito de aplicá-la. Por mais matizada que seja sua posição, encontra-se nela um sentimento profundo, que foi manifestado diretamente, em 1937, por um conselheiro nacional suíço de Fribourg, por ocasião de uma discussão, no Conselho Nacional, sobre a pena de morte. Segundo o Sr. Grand o pior dos criminosos, diante da execução ameaçadora, volta-se para si mesmo:

> Ele se arrepende e sua preparação para a morte lhe é, assim, facilitada. A Igreja salvou um de seus integrantes, cumpriu sua missão divina. Eis porque ela admitiu constantemente a pena de morte, não apenas como meio de legítima defesa, *mas como um poderoso meio de salvação...*[56] Sem querer fazer disto uma questão da Igreja, a pena de morte pode reivindicar para si sua eficácia quase divina, como a guerra.

Em virtude do mesmo raciocínio, sem dúvida, era possível ler, na espada do carrasco de Fribourg, a fórmula: "Senhor Jesus, vós sois o juiz." O carrasco se vê, então,

---

56 Sou eu que sublinho.

investido de uma função sagrada. Ele é o homem que destrói o corpo para entregar a alma à sentença divina, sobre a qual ninguém faz juízo prévio. Estima-se, talvez, que fórmulas semelhantes a esta arrastam consigo confusões bastante escandalosas. E, sem dúvida, para quem se apega aos ensinamentos de Jesus, esta bela espada é um ultraje a mais à pessoa de Cristo. Pode-se compreender, neste sentido, a fala terrível de um condenado russo que ia ser enforcado pelos carrascos do tsar em 1905 e que diz com firmeza ao padre que viera consolá-lo com a imagem de Cristo: "Afaste-se e não cometa sacrilégio." O incrédulo também não consegue tampouco deixar de pensar que os homens que colocaram no centro de sua fé a perturbadora vítima de um erro judiciário deveriam mostrar-se ao menos reticentes diante do assassinato legal. Da mesma forma, seria possível lembrar aos crentes que o imperador Juliano, antes de sua conversão, não queria dar missões oficiais aos cristãos porque estes se recusavam sistematicamente a sentenciar os condenados à morte ou a prestar uma ajuda. Durante cinco séculos, os cristãos acreditaram, portanto, que os estritos ensinamentos morais de seu mestre impediam que matassem. Mas a fé católica não se alimenta apenas do ensinamento pessoal de Cristo. Ela se alimenta tanto do Antigo Testamento quanto de são Paulo e dos padres. Particularmente, a imortalidade da alma e a ressurreição universal dos corpos são artigos de dogma. A partir daí, a pena capital continua, para o crente, um castigo provisório, que deixa em suspenso a sentença definitiva, um dispositivo necessário somente para a ordem terrena, uma medida administrativa que, longe de acabar com o culpado, pode favorecer, muito pelo contrário, sua redenção. Não digo que todos os crentes pensam assim e imagino, sem nenhum esforço, que os católicos se mantenham mais próximos de Cristo que de Moisés ou de são Paulo. Digo apenas que a fé na imortalidade da alma permitiu ao catolicismo colocar o problema da pena de morte em termos muito diferentes e justificá-la.

Mas o que significa esta justificativa na sociedade em que vivemos e que, tanto nas instituições quanto nos costumes, é dessacralizada? Quando um juiz ateu, cético ou agnóstico inflige a pena de morte a um condenado não crente, sentencia um castigo definitivo que não pode ser revisto. Ele se coloca no trono de Deus,[57] sem ter os mesmos poderes, e, aliás, sem acreditar nisso. Em resumo, ele mata porque seus ancestrais acreditavam na vida eterna. Mas a sociedade, que ele pretende representar, pronuncia, na verdade, uma mera medida de eliminação, fragmenta a comunidade humana unida contra a morte e se coloca como valor absoluto, já que pretende o poder absoluto. Sem dúvida, ela designa um padre ao condenado,

---

57 Sabe-se que a decisão do júri é precedida pela fórmula: "Diante de Deus e de minha consciência..."

por tradição. O padre pode esperar legitimamente que o medo do castigo ajude a conversão do culpado. Quem aceitará, entretanto, que se justifique, por este cálculo, uma pena infligida e recebida na maioria das vezes com um espírito totalmente diverso? Uma coisa é crer antes de ter medo, outra é encontrar a fé após o medo. A conversão pelo fogo ou pela lâmina será sempre suspeita, e seria possível acreditar que a Igreja tivesse renunciado a vencer os infiéis pelo terror. De toda forma, a sociedade dessacralizada nada tem a ganhar com uma conversão pela qual procura demonstrar desinteresse. Ela sentencia um castigo sagrado e, ao mesmo tempo, retira-lhe suas desculpas e sua utilidade. Ela delira sobre si mesma, elimina soberanamente os maus de seu âmago, como se fosse a própria virtude. Tal como um homem honrado que matasse seu filho em desvio ao dizer: "Realmente, eu não saberia o que fazer." Ela se arroga o direito de escolher, como se fosse a própria natureza, acrescentando imensos sofrimentos à eliminação, como se fosse um deus redentor.

De toda forma, afirmar que um homem deve ser absolutamente arrancado da sociedade porque é absolutamente mau é o mesmo que dizer que esta é absolutamente boa, algo em que nenhuma pessoa de bom senso acreditará atualmente. Não se acreditará, e, com maior facilidade, se pensará o contrário. Nossa sociedade não se tornou tão má e criminosa a não ser porque ela se erigiu a si própria como fim último e não respeitou mais nada além de sua própria conservação ou seu sucesso na história. Dessacralizada ela certamente é. Mas começou a se constituir, no século XIX, em um substituto da religião, ao propor a si própria como objeto de adoração. As doutrinas da evolução e as ideias de seleção que as acompanham erigiram como fim último o futuro da sociedade. As utopias políticas que se implantaram nestas doutrinas colocaram, no fim dos tempos, uma era de ouro que justificava por antecipação todos estes empreendimentos. A sociedade se habituou a legitimar o que podia servir ao seu futuro e a abusar, consequentemente, do castigo supremo de maneira absoluta. A partir desse instante, ela considerou como crime e sacrilégio tudo que contrariasse seu projeto e seus dogmas temporais. Em outras palavras, o carrasco, de padre se tornou funcionário. O resultado aí está a nossa volta. De tal forma que esta sociedade da metade do século que, segundo a boa lógica, perdeu o direito de sentenciar a pena capital, deveria, agora, suprimi-la, por questões de realismo.

Diante do crime, como se define, na verdade, nossa civilização? A resposta é simples: há trinta anos, os crimes de Estado se sobrepõem em muito aos crimes dos indivíduos. Não se trata nem mesmo de guerras, gerais ou localizadas, embora o sangue também seja uma bebida que intoxica, a longo prazo, como o mais embriagador dos vinhos. Mas o número de indivíduos mortos diretamente pelo Estado assumiu proporções astronômicas e ultrapassa infinitamente o dos crimes privados. Há cada vez menos condenados pelo direito comum e cada vez mais condenados políticos. Prova disso é que cada um de nós, por mais honrado que seja, pode visualizar a possibilidade de ser um dia condenado à morte, enquanto esta eventualidade teria parecido cômica no início do século. A tirada de Alphonse Karr:[58] "Que os senhores assassinos comecem!"; não faz mais nenhum sentido. Aqueles que fazem derramar mais sangue são os mesmos que creem ter o direito, a lógica e a história de seu lado.

Não é mais tanto do indivíduo que nossa sociedade deve, portanto, defender-se, mas, sim, do Estado. Pode ser que as proporções se invertam daqui a trinta anos. Mas, por ora, a legítima defesa deve opor-se ao Estado e sobretudo a ele. A justiça e a oportunidade mais realista ordenam que a lei proteja o indivíduo de um Estado entregue às loucuras do sectarismo ou do orgulho. "Que o Estado comece e que seja abolida a pena de morte!" deveria ser atualmente nosso grito de guerra.

---

58 Alphonse Karr (1808-1890), escritor e jornalista conservador que se opõe, entretanto, ao golpe de Estado de Napoleão III em 1851 e se retira, então, para o sul da França. (*N. da E.*)

86 | Albert Camus

As leis sanguinárias, já se disse, ensanguentam os costumes. Mas chega-se a um estado de ignomínia tal, para uma determinada sociedade, em que, a despeito de todos os distúrbios, os costumes não chegam nunca a ser tão sanguinolentos quanto as leis. Metade da Europa conhece esse estado. Nós, os franceses, já o conhecemos e corremos o risco de conhecê-lo novamente. Os executados pela ocupação levaram aos executados da Liberação, cujos amigos sonham com vingança. Em outros lugares, os Estados, carregados com o excesso de crimes, preparam-se para afogar sua culpabilidade em massacres ainda maiores. Mata-se por uma razão ou por uma classe divinizada. Mata-se em nome de uma sociedade futura também ela divinizada. Quem acredita saber tudo, imagina tudo poder. Ídolos temporais, que exigem uma fé absoluta, sentenciam incansavelmente castigos absolutos. E religiões sem transcendência matam em massa condenados sem esperança.

Como, então, sobreviveria a sociedade europeia da metade do século sem decidir defender as pessoas, por todos os meios, da opressão do Estado? Proibir a condenação à morte de um homem seria proclamar publicamente que a sociedade e o Estado não são valores absolutos, decretar que nada os autoriza a legislar definitivamente, nem a produzir o irreparável. Sem a pena de morte, Gabriel Péri[59] e

---

59 Gabriel Péri (1902-1941), militante e deputado comunista, foi fuzilado pelos alemães por fatos ocorridos durante a Resistência. (*N. da E.*)

Brasillach[60] estariam ainda entre nós. Poderíamos, então, julgá-los, segundo nossa opinião, e declarar orgulhosamente nosso juízo, ao invés de eles nos julgarem agora, enquanto nos calamos. Sem a pena de morte, o cadáver de Rajk[61] não envenenaria a Hungria, a Alemanha menos culpada seria mais bem recebida pela Europa, a Revolução Russa não agonizaria na vergonha, o sangue argelino pesaria menos em nossa consciência. Sem a pena de morte, a Europa, finalmente, não seria infectada pelos cadáveres acumulados há vinte anos em sua terra esgotada. Em nosso continente, todos os valores são perturbados, tanto pelo medo quanto pelo ódio, tanto entre os indivíduos quanto entre as nações. A luta pelas ideias se faz na corda e na lâmina. Não é mais a sociedade humana e natural que exerce seus direitos de repressão, e, sim, a ideologia que domina e exige seus sacrifícios humanos. "O exemplo que o cadafalso sempre dá", já se escreveu,[62] "é que a vida humana deixa de ser sagrada quando se acha útil matá-la." Aparentemente, isto se torna cada vez mais útil, o exemplo

---

60 Robert Brasillach (1909-1945), escritor e jornalista. Colaboracionista em razão de sua admiração pelo nazismo e por sua aversão à democracia, foi fuzilado após sua condenação à morte, apesar do clamor de inúmeros intelectuais de todos os matizes, depois que o general de Gaulle, chefe do governo provisório, negou seu indulto. (*N. da E.*)

61 László Rajk (1909-1949), ex-secretário do Partido Comunista Húngaro. Foi executado no quadro de expurgos internos do partido, quando se opôs a Rákosi (1892-1971), protegido de Stálin. Foi reabilitado em 1956. (*N. da E.*)

62 Francart.

se propaga, o contágio se espalha por todos os lugares. Com ele, a desordem do niilismo.[63] Portanto, é preciso dar um basta espetacular e proclamar, nos princípios e nas instituições, que a pessoa humana está acima do Estado. Da mesma forma, toda medida que reduzir a pressão das forças sociais sobre o indivíduo ajudará a descongestionar uma Europa que sofre de um afluxo de sangue e lhe permitirá pensar melhor em se encaminhar para a cura. A doença da Europa é não acreditar em nada e pretender tudo saber. Mas ela não sabe tudo, e falta muito ainda, e, a julgar pela revolta e pela esperança em que nos encontramos, ela acredita em alguma coisa: crê que a extrema miséria do ser humano, em um limite misterioso, toca em sua extrema grandeza. A fé, para a maioria dos europeus, está perdida. E com ela as justificativas que traria em relação ao castigo. Mas a maioria dos europeus também vomita a idolatria de Estado, que pretendeu substituir a fé. De agora em diante, a meio caminho, certos e incertos, decididos a nunca mais sofrer e nunca mais oprimir, deveríamos reconhecer ao mesmo tempo nossa esperança e nossa ignorância, recusar a lei absoluta, a instituição irreparável. Sabemos bastante sobre isto para dizer que

---

63 Do latim *nihil*, "nada". Doutrina segundo a qual a existência humana não tem valor algum na medida em que ela se caracteriza pelo absurdo e culmina no nada. Camus retoma aqui as teses de *O homem revoltado*, ao se opor à tentação de justificar o assassinato cínico e a barbárie pela ausência de divindade e de qualquer moral absoluta. (*N. da E.*)

determinado grande criminoso merece trabalhos forçados e perpétuos. Mas não sabemos o suficiente para decretar que ele seja retirado de seu próprio futuro, isto é, de nossa oportunidade comum de reparação. Na Europa unida de amanhã, em função do que acabo de dizer, a solene abolição da pena de morte deveria ser o primeiro artigo do Código Europeu pelo qual todos nós esperamos.

Dos idílios humanitários do século XVIII aos patíbulos sangrentos, o caminho é reto e os carrascos de hoje em dia são humanistas, como sabemos todos. Não seria demasiado, portanto, desconfiar da ideologia humanitária num problema como o da pena de morte. No momento de concluir, gostaria, portanto, de repetir que não são as ilusões sobre a bondade natural da criatura humana, nem a fé numa era dourada ainda por vir, que explicam minha oposição à pena de morte. Pelo contrário, esta abolição me parece necessária por motivos de pessimismo racional, de lógica e de realismo. Não que o coração não faça parte do que disse. Para quem acaba de passar semanas na companhia de textos, de lembranças dos homens que, de perto ou de longe, aproximam-se do cadafalso, não seria possível sair destes terríveis desfiles do mesmo modo que se entrou. Mas não creio, entretanto, é preciso repeti-lo, que não haja nenhuma responsabilidade neste mundo

90 | Albert Camus

e que seja necessário ceder a esta inclinação moderna que consiste em tudo absolver, a vítima e o assassino, na mesma desordem. Esta confusão meramente sentimental é feita de covardia mais do que de generosidade e acaba por justificar o que há de pior no mundo. De tanto abençoar, abençoa-se, também, o campo de trabalhos forçados, a força covarde, os carrascos organizados, o cinismo dos grandes monstros políticos; finalmente, entregam-se nossos irmãos. Isto se vê a nossa volta. Mas, justamente, no estado atual do mundo, o homem do século requer leis e instituições de convalescença, que o freiam sem quebrá-lo, que lideram sem esmagar. Lançado no dinamismo desenfreado da história, ele tem necessidade de uma física e de algumas leis de equilíbrio. Ele tem necessidade, enfim, de uma sociedade da razão e não desta anarquia onde mergulharam seu próprio orgulho e os poderes desmedidos do Estado.

Estou convencido de que a abolição da pena de morte nos ajudaria a avançar no caminho desta sociedade. A França poderia, ao tomar esta iniciativa, propor estendê-la aos países não abolicionistas de um lado e do outro da Cortina de Ferro. Mas, em todo caso, que ela dê o exemplo. A pena capital seria substituída, então, por trabalhos forçados, perpétuos para os criminosos julgados irredutíveis e temporários para os outros. Àqueles que acham que esta pena é mais dura que a pena capital, se

Reflexões sobre a guilhotina | 91

responderá com espanto que não tenham proposto, neste caso, reservá-la aos Landrus e aplicar a pena capital aos criminosos secundários. Vamos lembrar-lhes, também, que os trabalhos forçados deixam ao condenado a possibilidade de escolher a morte, ao passo que a guilhotina não deixa aberto nenhum caminho de volta. Aos que acham, pelo contrário, que os trabalhos forçados são uma pena fraca demais, responde-se, em primeiro lugar, que lhes falta imaginação e então que a privação de liberdade lhes parece um castigo mais leve na única medida em que a sociedade contemporânea nos ensinou a desprezar a liberdade.[64]

Que Caim não seja morto, mas que conserve, aos olhos dos homens, o sinal de reprovação; eis, em todo caso, a lição que devemos tirar do Antigo Testamento, sem falar nos Evangelhos, mais do que nos inspirar nos exemplos cruéis da lei mosaica. Nada impede, em todo caso, que uma experiência limitada no tempo (por dez

---

64 Ver também o relatório sobre a pena de morte do deputado Dupont na Assembleia Nacional, em 31 de maio de 1791: "O humor acre e ardente o consome (o assassino); o que ele mais teme é o repouso; trata-se de um estado que o deixa a sós consigo mesmo, é para sair dele que desafia continuamente a morte e procura dá-la; a solidão e sua consciência, eis seu verdadeiro suplício. Isto não nos indicaria que tipo de castigo deveriam infligir-lhe e aquele ao qual seria sensível? *Não é na natureza da doença que se deve buscar o remédio para curá-la.*" Sou eu quem sublinha a última frase. Ela faz desse representante do povo pouco conhecido um verdadeiro precursor dos nossos psicólogos modernos.

anos, por exemplo) seja tentada em nosso país, se nosso Parlamento for ainda incapaz de compensar seus votos sobre o álcool por esta grande medida de civilização que seria a abolição definitiva. E, se efetivamente a opinião pública e seus representantes não conseguem renunciar a esta lei da preguiça que se limita a eliminar o que não sabe corrigir, que, ao menos, esperando o dia de renascimento e de verdade, nós não façamos este "abatedouro solene"[65] que enlameia nossa sociedade. A pena de morte, tal como aplicada, e por mais raro que o seja, é uma carnificina repugnante, um ultraje infligido à pessoa e ao corpo do ser humano. Esta decapitação, esta cabeça viva e desenraizada, estes longos jatos de sangue, datam de uma época bárbara que acreditava impressionar o povo com espetáculos aviltantes. Atualmente, quando esta morte é administrada às escondidas, qual é o sentido deste suplício? A verdade é que, na era nuclear, matamos como na era do *peson*.[66] E não há nenhum ser humano com uma sensibilidade normal que, apenas diante da ideia desta grosseira cirurgia, não sinta náusea. Se o Estado francês é incapaz de triunfar sobre si mesmo quanto a isto e de trazer para a Europa um dos remédios de que necessita, que ao menos mude, para começar, o modo de ministrar a pena capital. A ciência, que serve tanto

---

65 Tarde.
66 *Peson*, instrumento de tortura. (*N. da. T*)

para matar, poderia, ao menos, servir para matar decentemente. Um anestésico que fizesse o condenado passar do sono à morte, que ficaria a seu alcance pelo menos um dia para que se servisse dele livremente e que lhe seria administrado sob outra forma no caso de má vontade ou de vontade fraquejante, garantiria a eliminação, fazemos questão disso, mas traria um pouco de decência, onde, atualmente, só há uma sórdida e obscena exibição.

Assinalo estas concessões na medida em que é necessário, às vezes, perder a esperança de ver a sabedoria e a verdadeira civilização se imporem aos responsáveis por nosso futuro. Para certos homens, mais numerosos do que se pode imaginar, saber o que realmente é a pena de morte e não poder impedir que seja aplicada é fisicamente insuportável. A seu modo, eles sofrem também esta pena, e sem nenhuma justiça. Que se alivie, ao menos, o peso destas imagens sujas sobre eles, a sociedade nada perderá com isto. Mas até mesmo isto, ao fim e ao cabo, será insuficiente. Nem no coração dos indivíduos nem nos costumes das sociedades haverá paz enquanto a morte não for posta fora da lei.

Este livro foi composto na tipografia
Minion Pro, em corpo 11/16, e impresso
em papel off-white no Sistema Cameron
da Divisão Gráfica da Distribuidora Record.